D1937948

Markus Hartenstein

In der Mitte des Gartens

CAV 1836

Markus Hartenstein

In der Mitte des Gartens

Zweimal 52 biblische Geschichten

Ein Lese- und Andachtsbuch

Farbtafeln von Rose Alber

Calwer Verlag Stuttgart

CIP-Kurztitelaufnahme der Deutschen Bibliothek

Hartenstein, Markus:
In der Mitte des Gartens : zweimal 52 bibl. Geschichten ;
e. Lese- u. Andachtsbuch / Markus Hartenstein. –
Stuttgart : Calwer Verlag, 1986.
ISBN 3-7668-0790-0

ISBN 3-7668-0790-0

© 1986 by Calwer Verlag Stuttgart
Printed in Germany. Alle Rechte vorbehalten.
Wiedergabe, auch auszugsweise, nur mit
Genehmigung des Verlags.
Fotokopieren nicht gestattet.
Umschlag: Otfried Kegel
Umschlagbild: Rose Alber
Satz: Typobauer Filmsatz GmbH, Ostfildern
Druck: Maisch + Queck, Gerlingen
Verarbeitung: Verlagsbuchbinderei Karl Dieringer, Gerlingen

Zu diesem Buch

Daß unser Kalenderjahr in 52 Wochen eingeteilt ist, verdanken wir den Babyloniern. Sie ordneten ihre Zeit nach dem zu- und abnehmenden Mond. So entwickelte sich bei ihnen die Siebentagewoche. Die Juden übernahmen sie und vererbten sie den Christen. Seit dem 4. Jh. n. Chr. wurde diese Zeiteinteilung für das ganze römische Reich verbindlich und kam im Lauf der Geschichte auch zu uns.

Das Wochenschema galt natürlich auch für die Schulen und fand seinen Ausdruck in vielen Büchern für den Religionsunterricht, wie z. B. in den Calwer »Zweymal zwey und fünfzig biblischen Geschichten«: für jede Woche des Jahres eine Geschichte aus dem Alten und eine aus dem Neuen Testament.

Das Lese- und Andachtsbuch »In der Mitte des Gartens« bietet, wie der Untertitel zeigt, diese Einteilung wieder an. Es erscheint zum 150jährigen Jubiläum des Calwer Verlags und will an Pfarrer Dr. Christian Gottlob Barth erinnern, der den Calwer Verlagsverein gründete, um für eine preiswerte Verbreitung biblischer und christlicher Literatur zu sorgen.

Das vorliegende Lese- und Andachtsbuch enthält 104 biblische Lesestücke, beginnend mit 52 Erzählungen aus dem Neuen Testament, wobei überwiegend aus den ersten drei Evangelien ausgewählt wurde. Es folgen 52 alttestamentliche Erzählungen, ausgesucht nach ihrer durch die Jahrhunderte hin gleichbleibenden Wirkung und Bedeutung. Man kann sich also wie zur Zeit der Vorväter einmal in der Woche aus jedem Testament eine Geschichte auswählen zum Lesen und Betrachten. Die Texte sind in einer von Luther her geprägten Übersetzung angeboten und jeweils mit kurzen Anregungen zum persönlichen Nachdenken versehen. Da es Leser gibt, die nach Zusammenhängen zwischen den einzelnen Erzählungen suchen,

wurden die Lesestücke unter 18 Themen gestellt. Im Neuen Testament folgen sie den Lebensspuren Jesu, im Alten Testament wichtigen Stationen auf dem Weg des Volkes Israel.
Jedes Thema ist von einem Bild begleitet, das zur Besinnung und Vertiefung einladen will. Bilder haben ihre eigene Sprache, die auf die Stimmung des Betrachters ausgerichtet ist. Gefühle und Gedanken verbinden sich miteinander und verankern sich in unsrem Bildgedächtnis. So möchten die Bilder dazu beitragen, daß die biblischen Geschichten auf die Erfahrungen des Lesers und Betrachters treffen, und kleine Denkanstöße auslösen, die den Zugang zu den Geschichten erleichtern. Der Buchtitel weist auf ein biblisches Urbild hin: In der Mitte des Gartens, mitten in dieser Welt, steht der »Baum des Lebens«, steht das Kreuz, an dem Jesus starb, als ein Zeichen der Hoffnung.
Immer mehr Menschen finden in den biblischen Erzählungen Schlüssel zur Lösung bedrängender Fragen der Gegenwart. Der Reichtum an Erfahrungen, der in der Bibel zusammengefaßt ist, reicht bis in die Gegenwart und für die Zukunft aus, weil das Grundgestein des Lebens sichtbar wird, das die ganze Schöpfung und jedes einzelne Geschöpf trägt: die Liebe des Schöpfers. Das ist angesichts der Bedrohung der Welt durch den Menschen eine kaum zu begreifende Einsicht. Aus ihr kommen aber lebenswichtige Anstöße für ein verantwortliches und getrostes Leben heute. Deshalb möchte das Buch mit seinen biblischen Kostproben ein Berater und Begleiter von der Angst um das Leben zur Freude am Leben sein und dazu helfen, daß der Leser Vertrauen faßt – nicht blindes, sondern waches und tapferes Vertrauen zu dem Grund, der auch sein Leben trägt.

Markus Hartenstein

Inhalt

Aus dem Neuen Testament

Freude für die ganze Welt

Sehen, was geschehen ist

Kaiser Augustus ordnete an, daß alle Bewohner des römischen Reiches in Steuerlisten erfaßt werden sollten. Es war das erste Mal, daß so etwas geschah. Damals war Quirinius Statthalter der Provinz Syrien.
So zog jeder in die Heimat seiner Vorfahren, um sich dort eintragen zu lassen. Auch Josef von Nazaret aus Galiläa machte sich auf den Weg nach Betlehem zur Stadt Davids ins Land Juda, weil er zur Familie Davids gehörte. Dort sollte er sich mit Maria, seiner Frau, eintragen lassen. Und Maria war schwanger.
Während sie dort waren, kam die Zeit der Geburt. Da brachte Maria ihren ersten Sohn zur Welt, wickelte ihn in Windeln und legte ihn in eine Krippe, denn in der Herberge war kein Platz.
In der Nähe waren Hirten auf dem Feld. Sie hüteten in der Nacht ihre Herde. Da trat der Engel des Herrn zu ihnen. Der Lichtglanz des Herrn umstrahlte sie, und sie fürchteten sich sehr.
Der Bote Gottes sagte zu ihnen: Fürchtet euch nicht. Siehe, ich verkündige euch große Freude, die dem ganzen Volk widerfahren wird; denn euch ist heute in der Stadt Davids der Heiland geboren, das ist Christus, der Herr. Und das soll für euch das Zeichen sein: Ihr werdet ein Kind finden, das in Windeln gewickelt ist und in einer Krippe liegt.
Plötzlich war bei dem Engel das Heer der himmlischen Wesen; die priesen Gott mit lauter Stimme:

Ehre sei Gott in der Höhe

und Friede auf der Erde unter den Menschen,
an denen Gott Wohlgefallen hat.

Als die Engel zu Gott zurückgekehrt waren, sagten die Hirten zueinander: »Laßt uns nun gleich nach Betlehem gehen und sehen, was geschehen ist, wie es uns der Herr verkündet hat.« Sie machten sich schnell auf den Weg und fanden Maria und Josef und das Kind in der Krippe.
Als sie es gesehen hatten, erzählten sie überall, was ihnen von diesem Kind gesagt worden war. Und alle, die es hörten, wunderten sich über das, was ihnen die Hirten erzählten. Aber Maria behielt alle diese Worte und bedachte sie in ihrem Herzen.
Die Hirten kehrten wieder um und priesen und dankten Gott für alles, was sie gehört und gesehen hatten, wie es ihnen gesagt worden war.

In einem Brief an Christen in Galatien (in der Gegend des heutigen Ankara) schreibt der Apostel Paulus über die Bedeutung von Jesus:
»Als die festgesetzte Zeit gekommen war, sandte Gott seinen Sohn, von einer Frau geboren und unter das Gesetz getan, damit er alle befreien konnte, die unter der Herrschaft des Gesetzes standen. Durch ihn wollte Gott uns als seine Kinder annehmen« (Galater 4,4.5).
Jesus war ein wirklicher Mensch, auch wenn man über sein Geburtsjahr nichts Genaues weiß: Um so mehr aber können seine Freunde über ihn sagen: Er ist der, der frei macht von der Angst. Im Lukasevangelium wird dies in einer wunderschönen Geschichte anschaulich: »Fürchtet euch nicht. Ich verkündige euch große Freude. Der Retter ist geboren.« Nicht der mächtige Weltherrscher in Rom, der Caesar Octavianus Augustus, der mit Gewalt den Frieden herstellt, sondern der ohne Macht, der Frieden stiftet aus der Kraft der Liebe, der macht die Welt neu. Was ist machtloser als ein Kind? Also geht und schaut es an: in Windeln gewickelt und in einer Krippe liegend. Es wird in der Nacht geboren und draußen vor der Tür, denn Jesus kommt zu denen in der Nacht, zu denen, die keinen Platz

Es sieht aus, als sei die Sonne auf die Erde herabgekommen und strahle nun wie ein Juwel, von Bergen eingefaßt, über die ganze Welt hin. In den Geburts- und Kindheitsgeschichten Jesu wird genau dies beschrieben: Gottes Licht gewinnt in Jesus Gestalt und leuchtet allen, die im Dunkel wohnen. Überall, wo in der Welt Menschen sich um den Frieden bemühen, wird es hell.

finden, damit sie sich freuen sollen: »Euch ist heute der Heiland geboren.«
Paul Gerhardt hat Jesus in einem Geburtstagslied besungen: »Ich sehe dich mit Freuden an und kann mich nicht satt sehen; und weil ich nun nichts weiter kann, bleib ich anbetend stehen. O daß mein Sinn ein Abgrund wär und meine Seel ein weites Meer, daß ich dich möchte fassen!« (EKG 28,4).

Von großer Freude erfüllt

Zu der Zeit des Königs Herodes wurde Jesus in Betlehem in Judäa geboren. Da kamen Sterndeuter aus dem Morgenland nach Jerusalem und fragten: »Wo ist der neugeborene König der Juden? Wir haben seinen Stern gesehen und sind gekommen, ihm die Ehre zu erweisen.«
Als das der König Herodes hörte, erschrak er und mit ihm ganz Jerusalem. Er ließ alle Hohenpriester und Schriftgelehrten des Volkes zusammenkommen und fragte sie aus, wo der Retter geboren werden sollte. Sie antworteten ihm: »Zu Betlehem in Judäa; denn so heißt es schon beim Propheten Micha: Und du Betlehem im jüdischen Land bist keineswegs die kleinste unter den Fürstenstädten in Judäa; denn aus dir wird der Herrscher kommen, der mein Volk Israel weiden soll.«
Da rief Herodes die Sterndeuter heimlich zu sich und erkundigte sich genau bei ihnen, wann der Stern erschienen wäre. Dann schickte er sie nach Betlehem und sagte: »Geht dorthin und erkundigt euch genau nach dem Kind. Wenn ihr es findet, dann sagt mir's wieder, daß auch ich hingehen und ihm die Ehre erweisen kann.«
Als sie den König gehört hatten, machten sie sich auf den Weg. Und siehe, der Stern, den sie im Morgenland gesehen hatten, zog vor ihnen her, bis er über dem Ort stehen blieb, wo das Kind war. Als sie den Stern sahen, wurden sie von großer Freude erfüllt. Sie gingen in das Haus und fanden das Kind mit Maria, seiner Mutter. Sie fielen vor ihm auf die Knie und erwiesen ihm alle Ehre. Sie öffneten ihre Schätze und brachten ihm Geschenke dar, Gold, Weihrauch und Myrrhe. Und Gott be-

fahl ihnen im Traum, nicht wieder zu Herodes zurückzukehren. So zogen sie auf einem anderen Weg wieder in ihr Land.

Im Lauf der Zeit wurde, wohl wegen der drei königlichen Geschenke, eine Geschichte von drei Königen aus dieser anderen Geburtsgeschichte Jesu. Und es geht ja nun auch darum, einen König zu finden, den Retter, der sein Volk »weiden« wird wie ein guter Hirte seine Herde. Wie kann der entdeckt werden, der die Wende herbeiführt und eine neue Zeit eröffnet? Die Magier beherrschten die hohe Kunst der Deutung aus der Stellung der Gestirne. Es ist zum Staunen, welche Weisheiten und Erkenntnisse sie dabei gewannen. Ihre Neugier und Hoffnung aber war es, in und hinter aller Erkenntnis den Grund und Sinn des Lebens zu entdecken. Dafür nahmen sie einen weiten Weg und manche Unbequemlichkeit auf sich. Sie fragten und forschten, sie setzten alles auf diese eine Spur, die ihnen ihre wissenschaftliche Beobachtungskunst wies. »Und siehe« heißt es dann – das steht immer dort in biblischen Geschichten, wo es besonders genau hinzusehen gilt – der Stern zog vor ihnen her. Und sie wurden voll Freude. Das ist das untrügliche Zeichen dafür, daß sie auf dem richtigen Weg sind: die große Freude, die von der Nähe des Retters ausgeht. Die große Freude ist das Grundgefühl der neuen Zeit, die Gott in Jesus eröffnet hat. »Von Gott kommt mir ein Freudenschein, wenn du mich mit den Augen dein gar freundlich tust anblikken«, so dichtet Philipp Nicolai im 16. Jahrhundert in einem Geburtstagslied für Jesus zu dieser Geschichte (EKG 48,4).
Das Geheimnis der Freude will sich am Ziel allen Nachdenkens und Forschens erschließen; die Freude ist das große königliche Geschenk Gottes, das er jedem anbietet, der es ernstlich sucht und empfangen will. Dazu ist es allerdings nötig, vom »Roß zu steigen«, die Vorstellungen vom Mächtigsein fahrenzulassen und Jesus auf seinem Weg zu begleiten.

Alle staunten

Jedes Jahr gingen die Eltern von Jesus zum Passafest nach Jerusalem. Als Jesus zwölf Jahre alt war, gingen sie auch wieder nach Jerusalem, wie sie es gewohnt waren.
Als die Festtage vorüber waren und sie wieder nach Hause gingen, blieb Jesus, ihr Kind, in Jerusalem zurück. Seine Eltern merkten es zuerst nicht; sie dachten, er wäre unter den anderen im Pilgerzug.
Nachdem sie einen Tag lang gewandert waren, suchten sie bei Bekannten und Verwandten nach ihm. Als sie ihn nicht fanden, kehrten sie nach Jerusalem zurück und suchten ihn dort.
Nach drei Tagen fanden sie ihn im Tempel. Er saß mitten unter den Lehrern, hörte ihnen zu und fragte sie. Alle, die ihm zuhörten, staunten über sein Verständnis und seine Antworten.
Als seine Eltern ihn sahen, erschraken sie. Seine Mutter sagte zu ihm: »Kind, warum hast du uns das angetan? Sieh, dein Vater und ich haben dich voller Sorgen gesucht.«
Da antwortete er ihnen: »Warum habt ihr nach mir gesucht? Wußtet ihr nicht, daß ich im Haus meines Vaters sein muß?«
Sie verstanden aber nicht, was er ihnen damit sagen wollte. Da ging er mit ihnen hinab, kam nach Nazaret und war ihnen gehorsam.

Diese Szene im Tempel von Jerusalem zeigt, was für Jesus bestimmend wird in seinem Leben: Er will den Auftrag Gottes erfassen und danach leben. Das ist für die jüdische Familie, in der ein Sohn zur Welt kommt, eigentlich selbstverständlich: »Die Eltern brachten Jesus, das Kind, in den Tempel von Jerusalem, um es Gott zu weihen. Denn im Gesetz heißt es: Wenn das erste Kind, das eine Frau zur Welt bringt, ein Sohn ist, soll es Gott gehören« (Lukas 2, 22.23). Trotzdem verstehen ihn seine Eltern nicht. Taufe und Konfirmation sind in der christlichen Tradition ja auch oft eher äußerliche Feste als ein Anfang, für den eigenen Weg herauszufinden, was Gott für einen persönlich bedeutet.
Die Zuhörer beim Gespräch zwischen Jesus und den Schriftgelehrten im Tempel staunten. Von solchem Staunen wird in

vielen Jesusgeschichten berichtet. Es ist manchmal mit großer Freude, manchmal auch mit Erschrecken verbunden. Die Zeitgenossen Jesu spürten in seinem Denken, Sprechen und Handeln, daß da einer Gott ganz ernst nahm und dabei ein fröhlicher und freier Mensch sein konnte. »Im-Haus-des-Vaters-sein« – das hat Jesus gelebt, und das haben alle, die ihm begegnet sind, staunend erzählt: Das ist wie ein Fest; da kann es einem wohl sein; die Liebe des Vaters macht das Leben sinnvoll und schön. Jeder findet in diesem Haus seinen Platz; kein einziger muß draußen bleiben. Deshalb ist jeder Mensch, mit dem ich es zu tun habe, auch einer, der eingeladen ist. Jesus zeigt mir, daß Gott keinen ausschließt oder wegschickt. Das macht mein Leben hell. Das ist zum Staunen.

Neues kündigt sich an

Es ruft einer

Damals trat Johannes der Täufer in der Wüste von Judäa auf und verkündigte: »Ändert euer Leben; denn das Gottesreich ist nahe!«
Johannes war der, von dem es bei dem Propheten Jesaja heißt: Es ruft einer in der Wüste: Bahnt dem Herrn einen Weg und baut ihm eine feste Straße! Johannes trug ein Gewand aus Kamelhaaren und einen Ledergürtel. Seine Nahrung bestand aus Heuschrecken und wildem Honig. Die Leute aus Jerusalem, aus ganz Judäa und aus der Jordangegend kamen zu ihm hinaus, bekannten ihre Sünden und ließen sich von ihm im Jordan taufen.
Als er jedoch die vielen Pharisäer und Sadduzäer zur Taufe kommen sah, sagte er zu ihnen: »Ihr Schlangenbrut! Wer hat euch denn gesagt, daß ihr dem bevorstehenden Gericht Gottes entgeht? Zeigt durch eure Taten, daß ihr euch wirklich ändern wollt. Denkt nur nicht: Wir haben ja Abraham als Vater! Ich sage euch: Gott kann aus diesen Steinen hier Nachkommen Abrahams erwecken!
Schon liegt die Axt an der Wurzel der Bäume. Jeder Baum, der keine gute Frucht bringt, wird abgehauen und ins Feuer geworfen. Ich taufe euch mit Wasser, damit ihr euer Leben ändert. Der aber nach mir kommt, ist mächtiger als ich. Ich bin nicht gut genug, ihm die Schuhe abzunehmen. Er wird euch mit heiligem Geist und mit Feuer taufen. Er hat schon die Worfschaufel in der Hand und wird seine Tenne gründlich säubern. Den Weizen wird er in seine Scheune bringen, die Spreu aber in einem Feuer verbrennen, das niemand löschen kann.«

Was Johannes damals predigte, könnte an einer Plakatwand in unsrer Stadt stehen: Ändert euer Leben! Wenn ihr die bedrohliche Nähe des Endes unsrer Welt nicht spürt, wird das Feuer der Vernichtung über euch kommen, und niemand wird es je löschen können. Und wie heute, so kamen auch damals außer den vielen Betroffenen solche, die dachten, es könnte später vielleicht nützlich sein, dabeigewesen zu sein.
Das Ende der Welt ist damals nicht eingetreten, und auch wir leben noch, sicherlich näher an diesem Ende als Johannes. Ist dieses Ende unausweichlich? Reden es die Unheilprediger damals und heute nicht viel eher herbei, statt sich mit allen Kräften gegen den Untergang zu stemmen? Johannes redet aber gar nicht vom Ende; das scheint nur so auf den ersten Blick. Ganz im Gegenteil: Er weist auf einen Anfang hin: Die neue Zeit, die Gottesherrschaft, beginnt! Es kommt einer, der wird den Geist Gottes bringen. Und wer von ihm berührt und ergriffen wird, bekommt Anteil an Gottes Herrschaft.
Was die Predigt des Johannes so wichtig macht, ist der Hinweis darauf, daß sich an dem, der jetzt kommt, an Jesus, alles entscheidet. Wer sich von seinem Geist anstecken läßt, verändert die Welt, weil er ein anderer Mensch geworden ist. Das Gericht kommt nicht irgendwann am Ende; es ist schon da in dem, der mit dem Feuer der Liebe tauft. Johannes sagt es deutlich genug: Die Begegnung mit Gott ist nicht beliebig festzulegen, liegt nicht in unsren Möglichkeiten. Gott kommt. Er kommt jetzt. Und er kommt in Jesus als einer, der mich »taufen« will, ergreifen mit dem Geist seiner Liebe.

Erwählt

In jenen Tagen geschah es: Jesus aus Nazaret in Galiläa kam und ließ sich von Johannes im Jordan taufen. In dem Augenblick, als er aus dem Wasser stieg, sah er, daß der Himmel aufriß und Gottes Geist wie eine Taube auf ihn herabkam. Und eine Stimme ertönte vom Himmel her: »Du bist mein lieber Sohn; dich habe ich erwählt.«

Der Himmel reißt auf und verbindet sich mit der Erde, mit einem Menschen, mit Jesus aus Nazaret. Was wird in diesem Zeichen offenbar? Daß Gottes Zeit gekommen ist. So hatte einst auch der König in Israel seine Berufung feierlich verkündet: »Ich gebe bekannt, was der Herr mitgeteilt hat. Er hat zu mir gesagt: Du bist mein Sohn. Heute habe ich dich dazu gemacht« (Psalm 2,7). Die Szene am Jordan faßt zusammen, was das Leben und Sterben Jesu ausmacht: Durch ihn hat Gott gesprochen. Das Reich Gottes besteht im Reichtum seiner Liebe. Jesus ist nicht nur der Sohn; er ist »der liebe Sohn«, der Gottes Wohlgefallen hat. Er will seine Liebe verschenken, will darin Gott gehorsam sein, schafft Hoffnung, wo Resignation regiert, und Vertrauen, wo Verzweiflung herrscht. So wird diese Erde zum Reich Gottes, Mensch für Mensch, der sich ergreifen und verwandeln läßt von seiner Liebe.

Ein großes Licht

Als Jesus hörte, daß man Johannes ins Gefängnis gebracht hatte, zog er sich nach Galiläa zurück. Er verließ Nazaret und zog nach Kafarnaum, einer Stadt am See im Gebiet von Sebulon und Naftali, und wohnte dort. So ging das Wort in Erfüllung, das beim Propheten Jesaja steht: Du Land von Sebulon und Naftali, am See gelegen und jenseits des Jordans, das heidnische Galiläa! Das Volk, das in der Finsternis lebt, hat ein großes Licht gesehen. Und denen, die im dunklen Land des Todes wohnen, ist ein Licht aufgegangen (Jesaja 8,23 und 9,1).
Von da an begann Jesus zu verkündigen: Ändert euer Leben, denn das Gottesreich ist nahe.

Jesus kam auch nach Nazaret, wo er aufgewachsen war. Am Sabbat ging er, wie gewohnt, in die Synagoge. Er stand auf, um aus den heiligen Schriften vorzulesen. Man reichte ihm das Buch des Jesaja. Und als er es öffnete, fand er die Stelle, wo es heißt: Der Geist des Herrn ist bei mir, weil er mich gesalbt und beauftragt hat, den Armen gute Nachricht zu bringen, den

Gefangenen zu verkünden, daß sie frei sein sollen, und den Blinden, daß sie sehen werden, den Mißhandelten die Freiheit zu geben: das Gnadenjahr des Herrn auszurufen (Jesaja 61,1.2).

Jesus schloß das Buch, gab es dem Diener und setzte sich. Die ganze Gemeinde blickte gespannt auf ihn. Er begann und sagte: »Heute ist dieses Wort in Erfüllung gegangen, so wie ihr es eben gehört habt.«

Alle stimmten ihm zu und wunderten sich über diese Worte der Gnade und sagten zueinander: »Ist das nicht der Sohn Josefs?«

Jesus sagte: »Sicher werdet ihr jetzt das Sprichwort sagen: Arzt, hilf dir selber! Wir haben gehört, daß du in Kafarnaum große Dinge getan hast. Tu sie auch hier in deiner Vaterstadt. Aber ich sage euch, es ist die Wahrheit: Kein Prophet ist in seiner Vaterstadt willkommen. Und ich muß euch noch mehr sagen: Zur Zeit des Propheten Elia lebten viele Witwen in Israel, damals, als es dreieinhalb Jahre nicht regnete und im ganzen Land eine Hungersnot war. Aber Elia wurde zu keiner von ihnen geschickt, sondern einzig zu einer Witwe in Sarepta im Gebiet von Sidon. Und zur Zeit des Propheten Elia gab es viele Aussätzige in Israel; aber keiner von ihnen wurde geheilt außer dem Syrer Naaman.«

Und alle in der Synagoge, die das hörten, wurden voller Zorn. Sie sprangen auf und stießen Jesus zur Stadt hinaus bis an den Rand des Berges, auf dem ihre Stadt lag, um ihn hinabzustürzen. Aber er ging mitten durch sie hinweg.

Im ersten Abschnitt wird an das große Licht erinnert, das der Prophet denen verkündigt, die im dunklen Tal des Todes gefangen sind. Im zweiten Abschnitt wird das große Befreiungsjahr zitiert, das erhoffte, das jetzt beginnt. Das große Licht strahlt von Jesus aus, der die neue Zeit ansagt, die Zeit der großen Freude. Alle Hoffnungen des Volkes kommen in ihm zum Ziel. Das jedenfalls erzählen und bekennen die Verfasser dieser beiden Texte.

Die im Dunkeln freuten sich darüber: die Armen, die Gefangenen und Mißhandelten, die Blinden und Lahmen. Die im Licht

Häuserwände türmen sich links und rechts bis in den Himmel. Die Menschen haben sich unentrinnbar eingemauert. Da beginnt es über den Völkern hell zu werden; Vorboten eines neuen Tages sind schon mitten im Dunkel der Welt auf dem Weg. Johannes der Täufer ist solch ein Rufer, der den Tag ankündigt. Und Jesus macht sich auf, den Menschen einen neuen Weg zu zeigen. Da sind auch schon die ersten, die sich überzeugen lassen: Petrus und Jakobus und Johannes. Und viele werden folgen.

waren mißtrauisch, sie hatten einiges zu verlieren: Reichtum, Macht, Einfluß und Ansehen. Dieses große Licht – das spürten sie alle – bedeutet eine Umwertung dessen, was bisher gegolten hat. Das Gottesreich ist nicht einfach die Fortsetzung bisheriger Verhältnisse für alle Zeit. Das große Licht fordert eine Entscheidung heraus: Willst du es für dich in Anspruch nehmen oder nicht?
Die Bürger von Nazaret müssen das gespürt haben: Heute sollen sie Ja sagen oder Nein. Sie versuchen, an dieser Entscheidung vorbeizukommen und den Mann zu beseitigen, der so eindeutig redet und handelt. Aber dies ist unmöglich; die Stimme Jesu ist nicht zum Schweigen zu bringen. Er ist zwar der Sohn ihrer Stadt, Josefs Sohn. Und trotzdem ist er der »Erwählte«, dessen Wort tröstet und der in seinem Denken und Handeln neue Maßstäbe setzt.
Die uns das berichten, haben Ja gesagt und erzählen von ihrer Freude und ihren Erfahrungen mit Jesus. Darum sind dies Werbegeschichten, von denen die Leser und Hörer ebenso herausgefordert sind wie von Jesus selbst. »Was ihr eben gelesen und gehört habt, ereignet und erfüllt sich jetzt.«

Fröhlich und getrost

Als Jesus am See von Galiläa entlangging, sah er Simon und Andreas, seinen Bruder, wie sie ihre Netze auswarfen; sie waren nämlich Fischer. Jesus sagte zu ihnen: »Kommt mit und folgt mir nach. Ich will euch zu Menschenfischern machen.«
Sofort ließen sie ihre Netze liegen und folgten ihm.
Und als er ein Stück weiterging, sah er zwei andere Brüder, Jakobus und Johannes, die Söhne des Zebedäus. Sie waren in ihrem Boot und flickten die Netze. Und sogleich rief er sie auch, ihm zu folgen.
Sie ließen ihren Vater Zebedäus und die Gehilfen im Boot zurück und folgten ihm.

Jesus sprach zu seinen Jüngern: »Wer sich zu mir bekennt vor den Menschen, zu dem wird sich auch der Menschensohn bekennen vor den Engeln Gottes. Wer mich aber vor den Menschen verleugnet, der wird auch vor den Engeln Gottes verleugnet werden.«

Selig seid ihr, wenn man euch um meinetwillen beleidigt und verfolgt und zu Unrecht Böses nachsagt. Seid fröhlich und getrost; Gott wird euch reich belohnen. So wurden die Propheten vor euch auch schon verfolgt.

Die kleine Szene von der Berufung der Jünger macht deutlich, daß keiner aufgrund besonderer Leistungen oder Verdienste in die Nähe Jesu kommen kann. Die Aufforderung und Berufung Jesu entscheidet allein darüber. Jünger Jesu kann man also nicht werden, so wie man Ingenieur oder Pfarrer werden kann. Das Wort Jesu: »Komm mit! Ich will dich bei mir haben!« entscheidet darüber; es schafft einen Jünger aus mir. So war es auch bei den Propheten; auch sie wurden ernannt und in ihr Amt berufen.
Eigentlich wird hier gar keine Geschichte erzählt, sondern die Wirkung eines Wortes von Jesus gezeigt. Die Geschichte des Berufenwerdens war sicher viel ausführlicher und länger: Jesus lernt Menschen kennen. Menschen lernen Jesus kennen. Da gibt es Gespräche, Überlegungen, Rückfragen, Zweifel und Überraschungen. Und dann ist plötzlich die klare Stimme zu hören: »Komm mit! Ich will dich bei mir haben!« Wer diesen Ruf hört und annimmt, ist ein neuer Mensch. Er wird trotz aller Feindschaft, in die er mit sich selbst und mit andern gerät, fröhlich und getrost sein. Welche Arbeit er auch immer tut, er kann sie als Jünger Jesu tun. Das bedeutet: Gott macht seine Jünger fähig, loszulassen, aufzubrechen, frei zu werden vom Urteil der Menschen. Das bedeutet das Wörtlein »selig«. Ein Jünger ist ein Mensch, der weiß, wem er sein Leben zu verdanken hat.

Auf dein Wort

Die Menschen drängten zu Jesus, um das Wort Gottes zu hören. Jesus stand am Ufer des Sees Gennesaret. Da sah er zwei Boote am Ufer liegen. Die Fischer waren ausgestiegen und wuschen ihre Netze aus. Da trat er in das eine der Boote, das Simon gehörte, und bat ihn, ein Stück vom Ufer wegzurudern. Dann setzte er sich und lehrte die Menschenmenge vom Boot aus.

Als er zu reden aufgehört hatte, sagte er zu Simon: »Fahr hinaus auf den See und werft dort eure Netze zum Fang aus.« Simon antwortete: »Meister, wir haben die ganze Nacht gearbeitet und nichts gefangen. Doch auf dein Wort will ich das Netz auswerfen.« Sie taten es und fingen eine so große Menge von Fischen, daß ihre Netze zu reißen begannen. Sie winkten ihren Gefährten im anderen Boot, daß sie kommen und helfen sollten. Sie kamen und füllten beide Boote, bis sie zu sinken drohten.

Als Simon Petrus das sah, fiel er vor Jesus auf die Knie und sagte: »Herr, geh weg von mir! Ich bin ein sündiger Mensch!« Denn ein Schrecken war in ihn gefahren und auch in alle seine Gefährten über diesen Fischzug. So ging es auch Jakobus und Johannes, den Söhnen des Zebedäus, den Gefährten des Simon. Und Jesus sagte zu Simon: »Fürchte dich nicht! Von jetzt an wirst du Menschen fangen.«

Da zogen sie die Boote ans Land, ließen alles zurück und folgten ihm.

Das Wunder des lebenschaffenden, berufenden Wortes Jesu wird erneut, diesmal ausführlicher als in den kurzen Berufungsszenen, beschrieben:

Es ist ein Wort gegen alle menschliche Erfahrung. (Man fischt nachts. Trotz harter nächtlicher Arbeit war alles vergeblich.) Es ist ein Wort, das sich im Gehorsam, im Vertrauen erfüllt. (Worte helfen nicht viel. Aber auf dein Wort hin will ich es tun.) Es ist ein Wort, das überreich beschenkt und sättigt. (Sie machten einen großen Fang.) Es ist ein Wort, das die eigene Situation aufdeckt bis auf den Grund. (Ich bin ein sündiger Mensch; ein

Mensch, der nicht in der Nähe Gottes lebt.) Und endlich ist es ein Wort, das Leben schenkt, einen ganz neuen Grund legt, ein Auferstehungswort. (Fürchte dich nicht. Von jetzt an wirst du Menschen fangen.)
Diese fünf Erfahrungen mit dem Wort Jesu sind Ostererfahrungen: Die Vergeblichkeit des Arbeitens in der Nacht, den Tod vor Augen, ist in diesem Wort überwunden. Das »Fürchtet euch nicht! Ich bin bei euch« ist der Siegesruf Gottes über die Dunkelheit und Schuld des Menschen. Mit diesem lebendigen Wort, mit Jesus Christus, beginnt die neue Schöpfung Gottes. Unser Lebensboot ist am Ufer, und wir haben einen Weg vor uns, den es zu gehen lohnt. Im Psalm 40 steht das Gebet: »Herr, mein Gott, groß sind deine Wunder und deine Gedanken, die du an uns beweist. Dir ist nichts gleich! Ich will sie verkündigen und davon sagen, wiewohl sie nicht zu zählen sind« (Vers 6).

Er ist es

Als Johannes im Gefängnis hörte, was Jesus tat, schickte er einige seiner Jünger und ließ ihn fragen: »Bist du der Retter, der kommen soll, oder müssen wir auf einen anderen warten?«
Jesus antwortete ihnen: »Geht und berichtet dem Johannes, was ihr hört und seht: Blinde sehen und Lahme gehen, Aussätzige werden rein, Taube hören und Tote stehen auf, und den Armen wird gute Botschaft gebracht. Und selig ist, wer nicht an mir irre wird.«
Als sie wieder gegangen waren, fing Jesus an, über Johannes zu der Menge zu reden: »Was wolltet ihr sehen, als ihr zu ihm in die Wüste hinausgegangen seid? Wolltet ihr ein Schilfrohr sehen, das der Wind hin und her bewegt? Oder wozu seid ihr hinausgegangen? Wolltet ihr einen Menschen in weichen Kleidern sehen? Solche Leute wohnen in den Palästen. Oder was habt ihr erwartet? Einen Propheten? Jawohl, ich sage euch: Er ist mehr als ein Prophet. Er ist es, von dem es in der Schrift heißt: Siehe, ich sende meinen Boten vor dir her. Er soll dir den

Weg bereiten. Ja, ich sage euch: Unter allen, die je von einer Mutter geboren wurden, gibt es keinen Größeren als Johannes, den Täufer.«

In der Apostelgeschichte (19,1–12) wird erzählt, wie Paulus in Ephesus auf eine Johannesgemeinde stößt, die nichts von Jesus weiß. Lange noch hat die Botschaft des Johannes Menschen bewegt. Und Jesus hat mit den gleichen Worten die Nähe des Reiches Gottes angesagt. Sie waren beide davon überzeugt, daß ihre Welt am Ende sei, nicht nur äußerlich. Jesus und Johannes wußten, daß Gottes neue Zeit beginnen würde.

Dieses Wissen hat aber bei Johannes andere Folgen als bei Jesus. Während in der Johannespredigt das drohende Ende Angst hervorrief, hat die Jesuspredigt den befreienden Anfang zum Inhalt, der Freude und Jubel auslöste.

Auch nach zweitausend Jahren sind beide Stimmen zu hören angesichts der furchtbaren Bedrohung der Welt. Und beide Stimmen haben ihr Recht. Aber die Angst will festhalten, während die Freude loslassen kann. Zu allen Zeiten gibt es die Einsicht, daß die Möglichkeiten des Menschen zu Ende gehen, am Ende sind. Das macht ängstlich oder aggressiv. Aber Jesus hat gesagt: Das Ende des Menschen ist seine größte Chance. Leere Hände will Gott füllen, verlaufene und verlorene Schafe finden und retten, Tote lebendig machen. Mit dieser Botschaft der Liebe kommt etwas Neues in die Welt. Wo dem Menschen nichts mehr einfällt, will Gott ihn wieder bewegen und erneuern. Gottes Möglichkeiten verändern die Welt. Das Volk im Schatten des Todes sieht ein großes Licht. Der Mensch kann aufstehen, frei sein von Angst und deshalb auch frei für neue Formen des Zusammenlebens, die aus der Gemeinschaft mit Gott hervorgehen. Selig, wer nicht an Jesus vorbei und ins Leere läuft, sondern sich von ihm überzeugen läßt.

Zeichen der Liebe

Vollmacht von Gott

Sie kamen nach Kafarnaum. Am Sabbat ging Jesus in die Synagoge, um zu lehren. Die Leute waren tief betroffen von seinen Worten; denn er lehrte als einer, der Vollmacht von Gott hat, ganz anders als die Schriftgelehrten.
Da war ein Mann in der Synagoge, der von einem bösen Geist besessen war. Der schrie ihn an: »Was willst du von uns, Jesus von Nazaret? Du bist gekommen, um uns zu vernichten. Ich weiß, wer du bist: der Heilige Gottes!«
Da herrschte ihn Jesus an und sagte: »Verstumme und fahre aus von ihm!«
Da riß ihn der böse Geist hin und her, schrie laut und fuhr aus von ihm. Da kam ein Schrecken über sie alle, und sie fragten einander: »Was hat das zu bedeuten? Eine neue Lehre in Vollmacht! Er befiehlt den bösen Geistern, und sie gehorchen ihm!« Und die Kunde von ihm verbreitete sich sogleich im ganzen galiläischen Land.

Der Weg zur Anerkennung Jesu hat viele Stationen: hören, betroffen sein, einander befragen. Zweifel anmelden, darüber sprechen und nachdenken und vielleicht dann gelten lassen und das Geschenk des neuen Lebens annehmen. Dieser lange Weg macht sichtbar, wie schwer es ist, aus der Verankerung in der eigenen Natur herausgerissen zu werden. Kranke Menschen sehen da klarer: Sie sind bereits hin und her geschüttelt von Mächten, die stärker sind als aller Wille zum Gesundsein. Kranke wissen sich ausgeliefert, abhängig, gefangen. Sie ahnen, daß es um mehr geht als um Einsicht und Abwägen von Argumenten: es geht um Leben und Tod.

Mit diesem ersten Zeichen der Liebe Gottes wird auch seine ganze Tiefe sichtbar: die göttliche Vollmacht, die Jesus in Anspruch nimmt, schafft neues Leben. Was in dieser Szene wie ein Blitz aufleuchtet, soll aber niemanden blenden. Darum befiehlt Jesus der Stimme aus dem Dunkel zu schweigen. Zu schnell sind die Menschen bereit, sich vom äußerlich Sichtbaren blenden zu lassen. Es geht um die innere Verwandlung, um das freie Ja des Menschen zum Heil, das ihm angeboten wird.
Erstes Zeichen der Liebe: Jesus macht betroffen. Seine Worte haben die Macht, uns zu bewegen, auf einen neuen Weg zu bringen.

Er richtet auf

Nachdem Jesus die Synagoge verlassen hatte, ging er in das Haus von Simon und Andreas. Jakobus und Johannes waren auch dabei. Die Schwiegermutter Simons lag mit Fieber zu Bett. Und sie sagten es Jesus. Da ging er zu ihr, nahm sie bei der Hand und richtete sie auf. Das Fieber verließ sie, und sie bereitete ihnen das Essen.

Mit dieser kleinen Familienszene im Haus des Fischers Petrus in Kafarnaum wird deutlich, was Vertrauen bedeutet.
Die Freunde vertrauen Jesus, daß er helfen kann. Die Frau vertraut sich seiner aufrichtenden Hand an. Dieses Vertrauen vertreibt das Fieber, macht kräftig und froh. Jesus schafft Vertrauen; das ist ein nächstes Zeichen der Liebe. Man kann sich seiner Hand anvertrauen. Sie richtet auf und drückt nicht nieder. Von Jesus aufgerichtet, wird der Mensch wieder frei zu sinnvollem Tun. Das ist wie eine Modellgeschichte, die ermuntern kann zum Vertrauen, zum Sicheinlassen auf den, der anbietet: »Kommt alle her, die ihr bedrückt und umgetrieben seid. Ich will euch stärken und trösten.«

Wie ein Fächer breitet sich der Platz aus, strahlenförmig öffnet er sich und zieht die Menschen in seinen Bann. Hier ist es schön; hier herrscht Freiheit und Klarheit wie sonst nirgends. Und das ist erst der Anfang: Einer wird gesund, ein anderer befreit von seiner Last, einer kann wieder fröhlich sein. Jesus öffnet den Menschen die Augen, das Herz und schafft Platz für ein neues Leben.

Sag nur ein Wort

Als Jesus nach Kafarnaum kam, trat ein Hauptmann zu ihm und bat ihn um Hilfe: »Herr, mein Diener liegt zu Hause und ist gelähmt. Er hat schreckliche Schmerzen.«
Jesus sagte: »Soll ich etwa kommen und ihn heilen?«
Der Hauptmann antwortete: »Herr, ich kann dir nicht zumuten, in mein Haus zu kommen. Aber sag nur ein Wort, dann wird mein Diener gesund. Auch ich unterstehe einer höheren Befehlsgewalt und kann meinen Soldaten Befehle erteilen. Sag ich zu einem: ›Geh!‹, dann geht er, oder zu einem andern: ›Komm!‹, dann kommt er. Und sag ich meinem Diener: ›Tu das!‹, dann tut er's.«
Als Jesus das hörte, wunderte er sich und sagte zu seinen Begleitern: »Wahrhaftig, bei keinem in Israel habe ich so großen Glauben gefunden! Doch ich sage euch: Viele werden kommen aus Ost und West und zusammen mit Abraham, Isaak und Jakob zu Tisch sitzen im Reich Gottes. Aber die Söhne des Reiches Gottes werden in die Finsternis hinausgestoßen. Dort werden sie heulen und mit den Zähnen knirschen.«
Und zum Hauptmann sagte Jesus: »Geh heim! Was du mir zutraust, das soll geschehen.«
Und sein Diener wurde in dieser Stunde gesund.

Die Juden hatten keine Gemeinschaft mit den Nichtjuden, am allerwenigsten mit den verhaßten Römern, zu denen der Hauptmann gehörte. Darum ruft seine Bitte bei Jesus Erstaunen hervor: »Ich, ein Jude, soll dir, einem Nichtjuden, helfen? Wie stellst du dir das vor?« Und der Hauptmann traut diesem Jesus zu, daß er einen Weg findet über alle Grenzen und Feindschaften hinweg. Als römischer Offizier weiß er um die Macht des Wortes. Könnte nicht auch das Wort dieses Jesus wirken? Er beruft sich doch auf eine göttliche Macht.
Und nun wird in dieser Geschichte wieder ein Zeichen der Liebe sichtbar: Jesus überschreitet Grenzen. Er läßt sich vom Vertrauen des Hauptmanns bewegen. Die Fremdheit und Feindschaft gilt nicht mehr. Die Grenzen der Frömmigkeit und der Überzeugungen verschwinden, wo einer Gott um Hilfe

bittet. Gottes Liebe schafft alle Grenzen ab und heilt Leib und Seele, Glauben und Denken. Vertrauen verändert alles. Ein neuer Weg wird sichtbar. Kranke Gedanken und Gefühle lähmen. Wenn nur einer ein befreiendes Wort sagen könnte! Jesus spricht es: Was du mir zutraust, das soll geschehen!

Sei getrost

Jesus stieg in ein Boot, fuhr über den See und kam in seine Stadt. Und da brachten sie einen Gelähmten auf einer Trage zu ihm. Als Jesus sah, wie groß ihr Vertrauen war, sagte er zu dem Gelähmten: »Sei getrost, mein Sohn, deine Sünden sind dir vergeben!«
Da dachten einige Schriftgelehrten: »Dieser Mann lästert Gott!«
Jesus merkte, was sie dachten, und sagte: »Warum denkt ihr so Böses? Was ist leichter – zu sagen: Deine Sünden sind dir vergeben! oder: Steh auf und geh? Doch ihr sollt merken, daß der Menschensohn Vollmacht hat, hier auf der Erde Sünden zu vergeben.«
Und er sagte zu dem Gelähmten: »Steh auf, nimm deine Trage und geh nach Hause!«
Der Mann stand auf und ging heim.
Als die Leute das sahen, erschraken sie, und sie priesen Gott, der den Menschen solche Vollmacht gegeben hat.

In dieser Geschichte geht die Geschichte von der Flucht des Menschen vor Gott zu Ende. Auf einer Trage bringen sie ihn an, den gelähmten, hoffnungslosen Menschen. Da ist kein Stolz und kein Trotz mehr. Der Mann ist leer und ausgebrannt; ein Bild des Jammers. Aber der gelähmte Mensch kommt unter die Augen Jesu, in die Nähe Gottes. Und in Gottes Nähe wird das Leben neu. Zeichen der Liebe: Deine Last ist dir abgenommen, deine Schuld vergeben. Du bist wieder in die Gemeinschaft mit Gott aufgenommen. Du kannst wieder aufrecht gehen, nach Hause gehen!
Klingt das nicht auch in unsren Ohren wie Lästerung? Ja, ir-

gendwann, am Ende dieser Welt, wird Gott Gericht halten und dann belohnen und bestrafen. So Böses denkt auch unser frommes Herz heute. Nein – sagt diese Geschichte: Gericht ist jetzt, vor den Augen Jesu. Wer bis dahin gekommen ist, wird heil an Leib und Seele, kann sich wieder aufrichten und sieht einen Weg.
Der Dichter Jochen Klepper hat dies in einen Vers gebracht: »Gott will im Dunkel wohnen und hat es doch erhellt! Als wollte er belohnen, so richtet er die Welt! Der sich den Erdkreis baute, der läßt den Sünder nicht. Wer hier dem Sohn vertraute, kommt dort aus dem Gericht« (EKG 14,5).

Was soll das Klagen?

Jesus fuhr über den See ans andere Ufer zurück. In Kürze versammelte sich eine große Menschenmenge um ihn. Noch während er am See war, kam ein Synagogenvorsteher zu ihm, der hieß Jairus. Er fiel Jesus zu Füßen und bat ihn inständig um Hilfe: »Meine kleine Tochter ist todkrank. Komm doch und leg ihr die Hände auf, damit sie gerettet wird und am Leben bleibt!«
Da ging Jesus mit ihm, und eine große Menge von Menschen umdrängte ihn. Währenddessen kamen Boten aus dem Haus des Synagogenvorstehers und sagten zu Jairus: »Deine Tochter ist gestorben. Du brauchst den Meister nicht weiter zu bemühen.«
Doch Jesus, der das mit anhörte, sagte zu dem Vorsteher: »Fürchte dich nicht – glaube nur!«
Und er ließ nur Petrus, Jakobus und dessen Bruder Johannes mitgehen. Sie kamen zum Haus des Synagogenvorstehers. Jesus sah die vielen Menschen und hörte das laute Weinen der Frauen. Er ging in das Haus und sagte zu ihnen: »Warum macht ihr solchen Lärm? Was soll das Klagen? Das Kind ist nicht tot – es schläft nur!«
Doch sie lachten ihn aus.
Er aber trieb sie alle hinaus, nur die Eltern des Mädchens und seine Begleiter gingen mit in den Raum, wo das Mädchen lag.

Jesus faßte das Kind bei der Hand und sagte zu ihm: »Talita kum!« – das heißt: »Mädchen, ich gebiete dir, steh auf!«
Das Mädchen stand sofort auf und ging umher. Es war zwölf Jahre alt. Alle waren entsetzt und außer sich. Und Jesus sagte, man sollte ihr etwas zu essen geben.

Unser Verstand durchschaut die Szene sofort, registriert Unmögliches, erkennt Übertreibungen und Steigerungen (man vergleiche diese Geschichte nur mit der Fassung im Matthäusevangelium, Matthäus 9, 18.19.23–26, nach der das Kind schon von Anfang an tot ist) und fragt zuletzt: Was soll ich heute mit solch einer Geschichte anfangen? Und dann geht der Blick in die Runde: Wir sind von Krankheit und Tod umstellt wie kaum eine Zeit vor uns, jedenfalls radikaler und universaler, als man es sich je vorstellen konnte. Es besteht Grund zur Totenklage. Und das Stöhnen der Verhungernden, das furchtbare Schweigen der Gefolterten wird immer lauter in unsrer Welt. Wer gebietet Einhalt? Wer anders könnte die Klage überwinden und in Freude verwandeln als der Schöpfer des Lebens selbst? Die Kunst der menschlichen Vernunft jedenfalls schafft neues Leben nicht. Es lohnt also, dieser Szene im Haus des Jairus doch wenigstens standzuhalten und das Zeichen der Liebe Gottes, das vollmächtige Wort Jesu, auf meine Todverfallenheit zu beziehen. Es könnte ja sein, daß Jesu Wort: »Fürchte dich nicht! Steh auf!« mich findet und verwandelt. Ein Versuch, Jesus um Hilfe zu bitten, obwohl der Tod uns fest im Griff hat, ist jedenfalls besser, als zu jammern oder aufzugeben.

Ruft ihn her

Sie kamen nach Jericho. Als Jesus mit seinen Jüngern und einer großen Menschenmenge die Stadt wieder verließ, saß da ein blinder Bettler am Weg, Bartimäus, der Sohn des Timäus. Als er hörte: Jesus von Nazaret ist hier! fing er an, laut zu rufen: »Jesus, du Sohn Davids, hab Erbarmen mit mir!«
Viele Leute fuhren ihn an, er solle schweigen. Doch er rief noch viel lauter: »Du Sohn Davids, hab Erbarmen mit mir!«

Da blieb Jesus stehen und sagte: »Ruft ihn her!«
Und sie riefen den Blinden herbei und sagten zu ihm: »Freu dich, steh auf! Jesus ruft dich!«
Da warf er seinen Mantel ab, sprang auf und kam zu Jesus.
Und Jesus fragte ihn: »Was soll ich für dich tun?«
Der Blinde antwortete: »Herr, daß ich wieder sehen kann.«
Jesus sagte zu ihm: »Geh nur, dein Glaube hat dich geheilt.«
In diesem Augenblick konnte er sehen, und er folgte Jesus auf seinem Weg.

Ein besonders eindrückliches Zeichen der Liebe ist es, daß Jesus stehen bleibt. Obwohl er mit seinen Freunden ein Tagesziel vor sich hat, läßt er davon ab, läßt sich aufhalten. In diesem aufmerksamen Stehenbleiben, Zuhören, Fragen und Hilfe-Anbieten wird das eigentliche Ziel seines Weges sichtbar: der Mitmensch, der Hilfe braucht. Die Geschichte vom Bettler mit den geöffneten Augen ist ein Lehrbeispiel für das eigene Leben, wenn es ein »Folgen auf dem Weg Jesu« sein soll: Aus den vielen Stimmen um uns herum die Stimme der Hilfesuchenden heraushören, das Stehenbleiben und sich dem andern Zuwenden, nach seinen Nöten fragen und sich ihm als Helfer anbieten. Dies alles ist aus eigenem Vermögen nicht zu leisten. Wir Bettler brauchen dazu den Meister, der zuerst uns selbst die Augen öffnet und das Herz, der unsre Hände füllt mit Kraft und unsern Verstand mit Fantasie, damit wir helfen können. Es gilt sein Wort: Freu dich, steh auf! Er ruft dich!

Brosamen vom Tisch

Jesus verließ die Gegend und zog sich in das Gebiet von Tyrus und Sidon zurück. Eine kanaanäische Frau, die dort wohnte, kam zu ihm und rief: »Herr, du Sohn Davids, hab Erbarmen mit mir. Meine Tochter wird von einem bösen Geist schrecklich geplagt.«
Aber Jesus antwortete ihr mit keinem Wort.
Da drängten ihn seine Jünger und baten: »Schick sie doch weg; sie schreit sonst dauernd hinter uns her!«

Da sagte Jesus: »Ich bin nur zu den verlorenen Schafen des Volkes Israel gesandt.«
Da kam die Frau zu Jesus, fiel vor ihm auf die Knie und sagte: »Herr, hilf mir!«
Jesus aber antwortete: »Es ist nicht recht, den Kindern das Brot wegzunehmen und es den Hunden vorzuwerfen.«
Sie sagte: »Gewiß, Herr, aber die Hunde bekommen doch wenigstens die Brosamen, die vom Tisch ihrer Herren fallen!«
Da sagte Jesus zu ihr: »Frau, dein Glaube ist groß! Was du willst, soll geschehen.«
Und in derselben Stunde wurde ihre Tochter gesund.

Das ist eine seltsam bewegende Geschichte: Jesus verändert seine Einstellung, seine Überzeugung, seine »Theologie«. Wie kommt es zu einem solch weitreichenden Lernprozeß? Bis zu dieser Begegnung im römischen Syro-Phönizien an der Mittelmeerküste, wohin er »sich zurückgezogen« hatte, wo er sich also vor seinen Landsleuten für kurze Zeit verbergen wollte, bis dahin war sein Auftrag klar: Gott schickt mich zu den Juden, zu seinem Volk, das sich immer wieder von ihm abwendet. Ihm muß ich Gottes Liebe und Versöhnung verkünden. Aber Jesus läßt sich in seinem Auftrag erschüttern. Zeichen der Liebe: ein neuer Horizont tut sich auf. Gott schafft die Theologie Jesu um durch das unerschütterliche Vertrauen einer fremden Frau. Nach dieser Begegnung lautet der Auftrag für Jesus: Gottes Liebe und Versöhnung gilt allen, Juden und Nichtjuden, allen Menschen und allen Völkern. Das Vertrauen der Kanaanäerin hat Grenzen beseitigt und in Jesus selbst die ganze Tiefe und Weite der göttlichen Liebe aufgedeckt. Der Glaube kann »Überzeugungs-Berge« versetzen; denn die göttliche Liebe erwartet uns schon immer jenseits unsrer selbstgesetzten Grenzen. Schon wenige »Brosamen« von Gottes Tisch machen satt, machen frei und heil, machen mutig, umzudenken und neu zu glauben.

Worte, die verändern

Mit leeren Händen

Als Jesus die Menschenmenge sah, stieg er auf einen Berg. Er setzte sich, und seine Jünger traten zu ihm. Da begann er, sie zu lehren:

Selig, die mit leeren Händen vor Gott stehen.
Ihnen gehört sein Reich.

Selig, die leiden an der Not der Welt.
Gott wird sie trösten.

Selig, die keine Gewalt ausüben.
Sie werden die Erben der Erde sein.

Selig, die nach Gottes Gerechtigkeit hungern und dürsten.
Sie sollen satt werden.

Selig, die barmherzig sind.
Gott wird ihnen mit Barmherzigkeit begegnen.

Selig, die ein reines Herz haben.
Sie werden Gott sehen.

Selig, die Frieden schaffen.
Kinder Gottes werden sie heißen.

Selig, die verfolgt werden, weil sie für Gottes
Gerechtigkeit eintreten.
Ihnen gehört sein Reich.

Ein Jünger Jesu zu sein, bedeutet, »politisch« zu handeln. Im Mittelpunkt der Nachfolge steht die Welt, die Not leidet, in der Gewalt und Ungerechtigkeit herrschen, wo Menschen unbarmherzig behandelt werden, wo es keinen Frieden gibt. Dieser Welt gilt Gottes ganze Aufmerksamkeit und Liebe. Darum können die Jünger damit beginnen, die wahre Gestalt der Welt aufzudecken, die Welt der Gewaltlosigkeit und Barmherzigkeit, der Gerechtigkeit und des Friedens. Einst mußte Mose zu Gott auf den Berg steigen, um seinen Willen zu erfahren (2. Mose 19,3). So läßt der Evangelist auch Jesus auf einen Berg steigen, damit er dort seinen Jüngern das Wort von der neuen Welt Gottes sagen kann. Er beginnt mit einem Freudenlied, den sogenannten Selig-Preisungen. Es fängt mit einer grundlegenden Erfahrung an: Nur wer »geistlich arm« ist (so heißt es in der Luther-Übersetzung), wer also leere Hände hat wie der verlorene Sohn im Gleichnis, ganz vom Erbarmen und der Liebe Gottes abhängt, kann so handeln und leben, wie es dann die nachfolgenden Verse beschreiben. Jesus will mit diesem Eröffnungslied der »Berg-Predigt« Mut machen, sich die leeren Hände füllen zu lassen mit Kraft zum Leiden, zur Demut, zur Geduld und immer wieder zur Freude. Kinder und Erben der neuen Welt sind an solchen Begabungen zu erkennen. Es wird Verfolgung und Haß geben, wo die neue Lebensordnung die alte aus den Angeln hebt. Aber die Freude wird nicht mehr aufhören. Wo Gott am Werk ist, hat der Tod seine Macht verloren. Die neue Welt Gottes hat endgültig Wurzel geschlagen in Jesus, und sie wächst von Jünger zu Jünger.

Für die Welt

Jesus lehrte seine Jünger:
Ihr seid das Salz für die Erde. Wenn das Salz seine Kraft verliert, womit soll man dann salzen? Es taugt zu nichts mehr. Man wirft es weg, und die Leute zertreten es.
Ihr seid das Licht für die Welt. Eine Stadt, die auf dem Berg liegt, kann nicht verborgen bleiben. Man zündet auch kein Licht an, um es dann unter den Backtrog zu stellen. Nein, man

Das Licht auf dem Berg bricht zwischen den Bäumen hervor wie eine Explosion: ein gleißendes Leuchten läßt alle Farben neu aufstrahlen; die Welt ist wie verwandelt. Das können Worte vollbringen, Worte, die aus der Liebe kommen. Die »Berg«-Predigt Jesu ist ein solches Angebot erhellender und verwandelnder Worte, die die Menschen verändern und die Verhältnisse neu gestalten können.

stellt es auf den Leuchter, dann leuchtet es allen im Haus. So soll euer Licht leuchten vor den Menschen: Sie sollen eure guten Taten sehen und euren Vater im Himmel preisen.

Der Jesusberg und der Moseberg (Matthäus 5,1 und 2. Mose 19,3) gehören zusammen. Die göttlichen Weisungen im Buch der Juden, in der Tora, sind der Grund für die Predigt Jesu. Aber nicht ein Buch kann »Salz des Lebens« sein. Jesus sagt: Ihr seid das Salz. Menschen, die Gott vertrauen, sind das Salz der Tora, sind das Salz für die Welt. Es ist eigentlich ganz einfach: Das Gute tun können, das Gott will, führt zum Dank gegenüber Gott. Salzen und Leuchten sind lebensnotwendige, lebenerhaltende Tätigkeiten. Wie kann Gottes Wille lebendig werden ohne Salz und Licht? Jünger sein ist immer ein »für die Welt« dasein, um das Leben zu würzen und zu erleuchten mit Geschmack und Kraft, durch Helligkeit und Wärme. Es ist ganz einfach, und doch behindern wir uns selbst dabei. Wir können die Salzkraft und die Leuchtkraft nicht selbst erzeugen und versuchen es doch ständig. Dann wird Gott nicht sichtbar, es wird fad und dunkel. Jesus wendet den Blick der Jünger weg von ihrer Eitelkeit und Ängstlichkeit. Ihr seid Salz – für die Erde, und ihr seid Licht – für die Welt, Gottes Salz und Gottes Licht. Sein Wort hat Kraft genug in euch. Also verbreitet den guten Geschmack und das helle Licht der göttlichen Liebe. Dazu seid ihr da, und das könnt ihr auch.

Ich sage es euch neu

Jesus lehrte seine Jünger:
Ihr kennt das alte Gebot: Du sollst keinen Mord begehen. Wer mordet, soll vor ein Gericht gestellt werden. Ich sage es euch neu: Schon wer zornig ist über seinen Bruder, gehört vor ein Gericht. Wenn du eine Opfergabe zum Altar bringst und dir dort einfällt, daß dein Bruder etwas gegen dich hat, dann laß deine Opfergabe vor dem Altar liegen, geh zu deinem Bruder hin und versöhne dich mit ihm. Dann kannst du kommen und Gott deine Opfergabe darbringen.

Ihr kennt das alte Gebot: Du sollst nicht ehebrechen. Ich sage es euch neu: Jeder, der die Frau eines andern begehrlich ansieht, hat in seinem Herzen bereits Ehebruch begangen.
Ihr kennt das alte Gebot: Du sollst keinen Meineid schwören, sondern halten, was du dem Herrn mit einem Eid versprochen hast. Ich sage es euch neu: Ihr sollt überhaupt nicht schwören. Beim Himmel nicht, denn er ist Gottes Thron; bei der Erde nicht, denn sie ist sein Fußschemel; und auch nicht bei Jerusalem, denn sie ist die Stadt des großen Königs. Auch bei deinem eigenen Kopf sollst du nicht schwören, denn du hast keine Macht, auch nur ein einziges Haar weiß oder schwarz zu machen. Sagt Ja und sagt Nein, wenn etwas zu sagen ist. Alles andere ist vom Bösen.
Ihr kennt das alte Gebot: Auge um Auge und Zahn um Zahn. Ich sage es euch neu: Ihr sollt euch überhaupt nicht gegen das Böse wehren. Wenn dich einer auf die rechte Backe schlägt, halte ihm auch die andere hin. Will jemand um dein Hemd prozessieren, laß ihm noch den Mantel dazu. Und wenn einer dich zwingt, eine Meile mit ihm zu gehen, dann geh mit ihm zwei. Bittet dich einer, dann gib; und will einer von dir leihen, weis ihn nicht ab.
Ihr kennt das alte Gebot: Du sollst deinen Nächsten lieben und deinen Feind hassen. Ich sage es euch neu: Liebt eure Feinde und betet für eure Verfolger, so zeigt ihr, daß ihr Kinder eures Vaters im Himmel seid.

Fünf Beispiele, an denen Jesus zeigt, daß er nicht etwa das alte Gesetz auflösen, sondern neu und ganz erfüllen will (lies Matthäus 5,17). Bisher wurden Kompromisse geschlossen; das alte Gebot ist vernünftig und richtet sich an dem aus, was der Mensch von sich aus leisten kann. Jesus aber begreift Gottes Willen so umfassend, daß auch das, was unsichtbar und unhörbar im Menschen vorgeht, mitgemeint ist. Ich töte in Gedanken, verletze den andern mit dem Gefühl und unterscheide die Menschen nach liebenswert und liebensunwert in meinem Herzen. Das kann von keinem weltlichen Gericht eingeklagt werden.
Aber Gottes Liebe ist radikal und verwandelt Menschen ganz,

innen und außen: Der Bruder lebt von der immer wieder angebotenen Versöhnung. Die Liebe hängt nicht ab von dem, was einer tut; Gott liebt ohne Vorbehalt. Weil er uns angenommen hat, können wir annehmen und ohne Rückversicherung Ja sagen. Wir brauchen nicht aufzurechnen, wenn uns Böses widerfahren ist. Aber wir dürfen gelassen und mutig für die Wahrheit auch »die andere Backe« hinhalten. Und endlich macht uns Gott frei zur Annahme des Feindes. Keiner kann sich durch die Einhaltung von Spielregeln und Geboten jetzt noch selbst rechtfertigen; da ist jeder mitbetroffen und schuldig geworden. Jeder aber kann und darf das Angebot Jesu annehmen: Ihr seid Kinder und Erben der göttlichen Liebe. Gott rechtfertigt uns und macht es möglich, daß wir vergeben und lieben können.

Wenn ihr betet

Jesus lehrte seine Jünger:
Bittet, und euch wird gegeben. Sucht, und ihr werdet finden. Klopft an, und es wird euch geöffnet.

Wenn ihr betet, dann plappert nicht wie die Heiden, die meinen, sie würden erhört, wenn sie viele Worte machen. Macht es nicht wie sie. Euer Vater weiß, was ihr nötig habt, schon ehe ihr ihn bittet. So sollt ihr beten:

Unser Vater im Himmel!
Dein Name werde geheiligt.
Dein Reich komme.
Dein Wille geschehe wie im Himmel so auf Erden.
Unser tägliches Brot gib uns heute.
Und vergib uns unsere Schuld, wie auch wir vergeben unsern Schuldigern.
Und führe uns nicht in Versuchung,
sondern erlöse uns von dem Bösen.
Denn dein ist das Reich und die Kraft und die Herrlichkeit in Ewigkeit. Amen.

Stellt euch vor, einer von euch hat einen Freund. Ihr geht mitten in der Nacht zu ihm und sagt: »Mein Freund, leih mir doch bitte drei Brote. Ich habe noch Besuch bekommen und nichts im Haus, um es ihm anzubieten« – und der würde drinnen rufen: »Mach mir keinen Ärger. Die Tür ist schon abgeschlossen, und die Kinder liegen bei mir im Bett; ich kann nicht aufstehen und es dir geben.« Ich sage euch: wenn er schon nicht aufsteht und es ihm gibt, weil er sein Freund ist, wird er es doch tun wegen seiner Aufdringlichkeit und ihm alles geben, was er braucht.

Beten ist die Sprechweise, die deutlich macht, daß wir Menschen abhängig sind. Beten ist in einer Zeit, die die Unabhängigkeit und Selbstbestimmung als hohe Tugend feiert, nicht besonders einleuchtend. Andererseits sind wir uns gegenseitiger Abhängigkeiten in der menschlichen oder politischen Gemeinschaft wohl bewußt.
Von der Liebe, dieser »Himmelsmacht«, überwältigt und abhängig gemacht zu werden, ist auch heute noch ein Gedicht wert. Vielleicht sind es auch die Fehlformen des Betens, die diese grundlegende menschliche Sprechweise in Verruf gebracht haben. Jesus macht sie seinen Jüngern deutlich: Wer betet, um eine Pflicht zu erfüllen oder gar um Gott zu zwingen, wird ins Leere hineinreden. Gott ist uns nahe, wie ein Freund dem andern nahe ist. Er weiß deshalb auch, was wir nötig haben, denn er liebt uns, er will, daß wir leben können und anderen Leben ermöglichen. Deshalb hört er, wenn wir klagen, daß wir »nichts im Haus haben«. Wenn er uns kein Lebensbrot gibt, keine Fantasie, keinen Mut zur Versöhnung, dann stehen wir mit leeren Händen da. Seine Liebe ist auch die einzige »Schwachstelle«, an der wir beharrlich und aufdringlich bitten dürfen (lies dazu auch »Ich habe es gewagt«, S. 124).
Beten im Sinne Jesu bedeutet, Gottes liebevolle Nähe in Anspruch nehmen aus der Erfahrung heraus, daß ich von ihr und durch sie lebe, neu und befreit leben kann, für andere leben darf. »Sprich Ja zu meinen Taten, hilf selbst das Beste raten; den Anfang, Mitt und Ende, ach Herr, zum Besten wende« (Paul Gerhardt, EKG 348,8).

Achtet darauf

Jesus lehrte seine Jünger:
Achtet darauf, daß ihr euer Gerechtsein nicht vor den Leuten zur Schau stellt. Ihr habt sonst keinen Lohn bei eurem Vater im Himmel zu erwarten. Wenn du also Bedürftigen hilfst, dann posaune es nicht herum wie die Heuchler in der Synagoge und auf der Straße, die nur von den Leuten geehrt sein wollen. Ich sage euch: Sie haben ihren Lohn schon empfangen. Wenn du also Bedürftigen hilfst, dann laß deine linke Hand nicht wissen, was deine rechte tut, damit deine Hilfe verborgen bleibt. Dein Vater, der auch das Verborgene sieht, wird dich belohnen.
Wenn ihr fastet, dann schaut nicht finster drein wie die Heuchler. Sie verstellen ihr Gesicht, um mit ihrem Fasten bei den Leuten aufzufallen. Ich sage euch: Sie haben ihren Lohn schon empfangen. Wenn du fastest, dann kämme dich und wasche dein Gesicht, damit es niemand merkt außer deinem Vater, der im Verborgenen da ist. Er sieht auch das Verborgene und wird dich belohnen.
Sammelt keine Schätze hier auf Erden. Die Motten und der Rost können sie zerstören oder Diebe einbrechen und sie stehlen. Sammelt lieber Schätze im Himmel. Dort können die Motten und der Rost sie nicht zerstören und die Diebe nicht einbrechen und sie stehlen. Denn wo euer Schatz ist, da wird auch euer Herz sein.
Niemand kann zwei Herren zugleich dienen. Entweder wird er den einen hassen und den andern lieben, oder dem einen treu sein und den andern verachten. Ihr könnt nicht Gott vertrauen und zugleich eurem Besitz.
Deshalb sage ich euch: Macht euch keine Sorge um Essen oder Kleidung. Das Leben ist mehr als Essen und der Leib mehr als die Kleidung. Seht die Vögel unter dem Himmel an: Sie säen nicht und ernten nicht und sammeln nichts in Scheunen. Und doch ernährt sie euer Vater im Himmel. Und ihr bedeutet ihm ja viel mehr als sie. Wer von euch vermag durch Sorgen sein Leben auch nur um einen einzigen Tag zu verlängern? Warum macht ihr euch Sorgen um die Kleidung? Seht, wie die Lilien auf dem Feld wachsen: Sie arbeiten nicht und machen sich

keine Kleider. Doch ich sage euch: nicht einmal Salomo bei all seinem Reichtum war so herrlich bekleidet wie auch nur eine von ihnen. Wenn Gott sogar die Blumen auf dem Feld so kleidet, die heute noch dastehen und morgen in den Ofen geworfen werden, wird er das dann nicht noch viel mehr für euch tun, ihr Kleingläubigen?
Darum sollt ihr nicht sorgen und sagen: Was werden wir essen? Was werden wir trinken? Womit werden wir uns kleiden? Damit plagen sich die Heiden. Euer Vater im Himmel weiß ja, daß ihr das alles braucht. Sorgt euch zuerst darum, daß ihr das Reich Gottes und seine Gerechtigkeit erlangt, dann wird euch alles andere dazugegeben werden. Sorgt euch also nicht um morgen; der morgige Tag wird schon für sich selber sorgen. Jeder Tag hat mit seiner eigenen Plage genug.

Jesus will an verschiedenen Lebensgewohnheiten und Glaubensformen deutlich machen, was in seinen Augen Freiheit bedeutet. Im Mittelpunkt seines Nachdenkens steht ein Selbstverständnis des Menschen, das auch Selbstrechtfertigung genannt werden kann. Durch gute Werke, durch Eigentumsbildung und Vorsorge baut sich der Mensch ein Bewußtsein davon auf, wie wichtig und wie sicher er ist. Und Gott wird darin als eine Größe angesehen, die solches Bemühen ebenfalls anerkennen muß.
Jesus lehrt seine Jünger ein neues Gottesverständnis und damit auch ein neues Selbstverständnis: Gott wird ganz nahe mit dem Menschen zusammengebracht. Gott ist sein Grund. In ihm ist er geborgen und deshalb »gerecht«. Der Mensch in den Augen Jesu hat seine Freiheit darin, daß Gott ihn liebt. Er braucht weder vor sich noch vor andern erst etwas zu leisten, um geachtet zu werden. Wer Gottes Liebe als Mitte seines Lebens annimmt, ist frei zur Hilfe, zur Verantwortung und frei vom Besitzenmüssen. Wer den Reichtum Gottes, sein Reich, annimmt, dem wird es möglich sein, zu leben. Jesus legt nicht neue Lasten für ein frommes Verhalten auf. Er zeigt, daß es sich zu leben lohnt: Wenn euer Schatz in Gottes Liebe besteht, kann euer Herz getrost und fröhlich sein. Mit dieser neuen Sicht von Gott und vom Menschen hat Jesus Ernst gemacht: »O wohl

dem Land, o wohl der Stadt, so diesen König bei sich hat! Wohl allen Herzen insgemein, da dieser König ziehet ein! Er ist die rechte Freudensonn, bringt mit sich lauter Freud und Wonn. Gelobet sei mein Gott, mein Tröster früh und spat« (EKG 6,3).

Auf Fels gebaut

Jesus lehrte seine Jünger:
Alles, was ihr wollt, daß euch die Leute tun sollen, das tut ihnen auch. Das ist es, was Gesetz und Propheten sagen.
Geht hinein durch die enge Pforte. Das Tor, das zum Verderben führt, ist breit und auch der Weg dorthin. Viele gehen ihn. Doch die Pforte, die zum Leben führt, ist schmal und auch der Weg dorthin. Nur wenige gehen ihn.
Nicht jeder, der zu mir sagt: Herr, Herr! wird in Gottes Reich hineinkommen, sondern nur, wer auch tut, was mein Vater im Himmel will. An jenem Tag werden viele sagen: Herr, Herr! Haben wir nicht in deinem Namen Gottes Weisungen verkündigt, in deinem Namen böse Geister ausgetrieben, in deinem Namen Wunder getan? Und ich werde ihnen sagen: Ich habe euch nie gekannt. Ihr habt gegen Gottes Gebot gehandelt. Geht mir aus den Augen!
Jeder, der meine Worte hört und danach handelt, ist mit einem klugen Mann zu vergleichen, der sein Haus auf den Felsen baut. Wenn dann der Platzregen herabkommt, die Flut hereinbricht und der Sturm daherbraust und das Haus erschüttert, dann stürzt es nicht zusammen, weil es auf Fels gebaut ist. Wer aber meine Worte hört und nicht danach handelt, ist wie ein törichter Mann, der sein Haus auf den Sand baut. Der Platzregen kommt herab, die Flut bricht herein und der Sturm braust daher und schlägt gegen das Haus, da stürzt es zusammen und der Schaden ist groß.
Als Jesus diese Rede beendet hatte, waren alle tief betroffen. Denn er sprach wie einer, der Vollmacht hat, und nicht wie die Schriftgelehrten.

»Geh so mit anderen um, wie du gern willst, daß sie mit dir umgehen.« Diese Regel wird »die goldene Regel« genannt, die, fast modern und ohne Gott zu nennen, all das zusammenfaßt, was den Gottesglauben Israels und den Glauben Jesu ausmacht. Sie kann auch so formuliert werden: »Liebt einander, denn er hat uns zuerst geliebt« (1. Johannes 3,19). Gottes Liebe setzt unsere Liebe frei, daß wir lieben und geliebt werden können. Aber Jesus sieht sehr genau, daß es nicht leicht ist, den Weg zur Quelle der Liebe zu gehen, und daß ihn nur wenige gehen. Das liegt sicher auch daran, weil dies alles im Verborgenen geschieht, für uns zuerst einmal unsichtbar bleibt, ein Angebot in Worten, eindrücklich, aber unsren Erfahrungen widersprechend. Wir haben allerdings heute ganz neue Erfahrungen von der unsichtbaren Veränderung des Grundwassers, der Luft oder des Klimas. Plötzlich wird Bewährtes und Verläßliches brüchig und haltlos. Es wird sichtbar, ob wir auf Sand oder auf Fels gebaut haben. Und wenn dann die Katastrophe eingetreten ist, dann ist es zu spät. So schließt dieser Unterricht Jesu für seine Jünger mit der Einladung, es zu wagen und sein Leben auf den Fels der göttlichen Liebe allein zu gründen. Und einer, der dieser Einladung gefolgt ist, singt: »Er ist ein Fels, ein sichrer Ort, und Wunder sollen schauen, die sich auf sein wahrhaftig Wort verlassen und ihm trauen. Er hat's gesagt, und darauf wagt mein Herz es froh und unverzagt und läßt sich gar nicht grauen« (EKG 306,2).

Jahrtausendalt ist das Wunder der Stadt: Menschen bauen Häuser und Straßen, Türme und Mauern als Zeichen menschlicher Ordnung und Gemeinschaft, zugleich aber auch als Zeichen von Unterdrückung und Macht. Der Lebensraum wird abgemessen, die Luft zum Atmen beschränkt. Wenn sich nicht immer wieder das Wunder eines Neuanfangs ereignet, geht die Stadt, geht der Mensch an sich selbst zugrunde. Jesus steht für dieses Wunder, daß Menschen wieder leben wollen, daß sich die Wellen der Angst legen und die Mauern der Selbstgerechtigkeit überwunden werden. Über der Stadt wächst das Licht des Friedens.

Zurechtbringendes Handeln

Sie wurden satt

Wieder war eine große Menschenmenge versammelt, und sie hatten nichts zu essen. Da rief Jesus seine Jünger zu sich und sagte: »Die Leute erbarmen mich. Jetzt sind sie schon drei Tage hier und haben nichts zu essen. Wenn ich sie nach Hause schicke, ohne daß sie etwas gegessen haben, werden sie unterwegs verschmachten; denn einige von ihnen kommen von weit her.«
Die Jünger antworteten: »Wie soll das denn einer fertigbringen, die Leute hier in der Einöde mit Brot zu versorgen?«
Da fragte er sie: »Wie viele Brote habt ihr?«
Und sie antworteten: »Sieben.«
Da gab er Anweisung, die Leute sollten sich auf die Erde setzen.«
Und Jesus nahm die sieben Brote, sprach das Dankgebet, brach sie und gab sie seinen Jüngern. Und die Jünger teilten sie den Leuten aus. Sie hatten auch noch ein paar Fische. Er sprach den Segen über sie und ließ auch sie austeilen. Sie aßen alle und wurden satt. Was übrigblieb, sammelten sie ein, sieben Körbe voll. Es waren ungefähr viertausend Leute. Danach schickte er sie nach Hause.

Das wäre eine weltbewegende Nachricht: Alle können satt werden: in Indien, in Lateinamerika, im Sahel! Auch zur Zeit Jesu wurde gehungert. Es wird erzählt, daß der Versucher zu Jesus trat und sagte: »Wenn du von Gott kommst, dann verwandle diese Steine in Brot.« Ja, dann wäre alles klar, und Jesus würde als König der Welt anerkannt sein. Jesus weist den Versucher zurück: »Der Mensch lebt nicht allein vom Brot,

sondern vom Wort der Liebe, das Gott spricht.« Jesus weiß wohl, daß der Mensch Brot braucht. Er hat Erbarmen mit den Hungernden. Aber er weiß auch, daß der Mensch Liebe braucht und Lebenshoffnung. Aus Äthiopien kam ein Brief an das Bibelwerk in Deutschland, darin stand der Satz: »Wir brauchen Brot, um leben zu können. Wir brauchen die Bibel, um leben zu wollen.«
Unsere Erzählung möchte beides mit der Person Jesu verbinden: daß die Menschen leben können und leben wollen in der Einöde dieser Welt. Wer nur eines verwirklicht, handelt nicht in seinem Sinn. Wir haben nicht viel anzubieten, vielleicht sieben Brote, sieben Tage, sieben Ideen oder was immer. Wenn wir sie in das Licht der Liebe rücken, vermehren sie sich. Jesus ermutigt uns, das, was wir haben, einzusetzen, in der Hoffnung, daß Gott es vervielfacht. Jeder noch so kleine Fisch kann zum Zeichen der Hoffnung werden. Wir selber sind die Hoffnungsträger: Die Jünger teilten aus, was Jesus ihnen an die Hand gab, und die Leute wurden satt. Was haben wir, das Gott vermehren könnte, weil wir es verschenken?

Sie priesen Gott

Jesus kam in einen Ort, der Nain hieß. Seine Jünger und eine große Menschenmenge waren bei ihm. Als sie sich dem Stadttor näherten, da wurde gerade ein Toter herausgetragen. Es war der einzige Sohn seiner Mutter, die Witwe war. Viele Leute aus dem Ort begleiteten sie.
Als der Herr die Frau erblickte, ergriff ihn Mitleid, und er sagte zu ihr: »Weine nicht!« Dann trat er näher und berührte die Bahre. Die Träger blieben stehen. Jesus sagte: »Junger Mann, ich befehle dir: Steh auf!« Da richtete er sich auf und fing an zu reden. So gab er ihn seiner Mutter wieder.
Und ein Schrecken ergriff sie alle. Sie priesen Gott und sagten: »Ein großer Prophet ist unter uns erschienen. Gott ist zu seinem Volk gekommen.«

Das Leben ist ein Geschenk Gottes. Er gibt es und er nimmt es wieder zurück. Es kann nicht verlorengehen.
In Israel wurde erzählt, wie der Prophet Elia von einer Witwe freundlich aufgenommen wurde, als eine Hungersnot herrschte. Da starb ihr einziges Kind. Und Elia betete: »Herr, mein Gott, gib dem Kind das Leben zurück. Willst du der Frau ihren einzigen Sohn nehmen?« Da gab Gott dem Kind das Leben wieder. Und Elia gab den Sohn seiner Mutter zurück (1. Könige 17,17–24).
Die beiden Erzählungen sind sich darin einig: Gott ist der Geber des Lebens. Und er schafft Leben durch Menschen, die es ihm zutrauen: hier Elia, dort Jesus. Damit ist allerdings das Sterbenmüssen nicht aus der Welt, aber das Lebendürfen ist in der Welt. Unser Leben, jedes Leben ist ein Geschenk Gottes. Jesus hat das seinen Jüngern tief eingeprägt: »Wer mir nachfolgt, der bleibt nicht im Dunkel, sondern hat das Licht, das zum Leben führt.« Leben bedeutet nicht einfach Lebendigsein an Leib und Seele, sondern Geborgensein in Gottes lebendiger Liebe. Und zu diesem Leben öffnet Jesus jedem, der mitgehen will, den Weg.

Sie weckten ihn

Es war Abend geworden, und Jesus sagte zu seinen Jüngern: »Laßt uns hinüberfahren ans andere Ufer.«
Sie ließen die Leute gehen und fuhren mit dem Boot, in dem Jesus saß, hinaus. Andere Boote begleiteten sie.
Da kam ein gewaltiger Sturm auf, und die Wellen schlugen ins Boot, so daß es sich mit Wasser füllte. Jesus jedoch lag hinten im Boot auf einem Kissen und schlief. Da weckten ihn seine Jünger und sagten: »Meister, kümmert es dich nicht, daß wir untergehen?«
Jesus stand auf, herrschte den Wind an und befahl dem Meer: »Schweig und verstumme!«
Da legte sich der Sturm, und es wurde ganz still.
Jesus sagte zu seinen Jüngern: »Warum habt ihr solche Angst? Habt ihr denn kein Vertrauen?«

Da kam eine große Furcht über sie, und sie fragten einander: »Wer ist der, daß ihm sogar Wind und Wellen gehorchen?«

Die Stürme erheben sich plötzlich und fegen über die Völker und über die Herzen. Jeder hat schon erlebt, daß er gewaltig geschüttelt wurde von der Angst um sein Leben. Krankheiten, Unfälle oder seelische Krisen überfallen uns wie Wirbelstürme. Paul Gerhardt dichtete während des Dreißigjährigen Krieges: »Wir gehn dahin und wandern von einem Jahr zum andern ... durch so viel Angst und Plagen, durch Zittern und durch Zagen, durch Krieg und große Schrecken, die alle Welt bedecken« (aus EKG 42,2 u. 3).
Die Angst überfällt auch die Jünger, die ihren Meister doch ganz nahe bei sich haben. Er schläft in völligem Vertrauen. Sie wecken ihn auf und klagen: »Laß uns nicht untergehen.« Und Jesus bringt die Gewalten zur Ruhe.
Wenn wir ihn nur auch so wecken könnten, um »Angst und große Schrecken« zu überstehen. Vielleicht hilft diese Geschichte zu wissen: Jesus ist auch in unsrem Lebensboot nur einen Hilferuf weit entfernt: »Laß mich nicht untergehen!« Er will uns helfen, die Angst zu überwinden und Vertrauen zu fassen. Paul Gerhardt betet weiter: »Gelobt sei deine Treue, die alle Morgen neue; Lob sei den starken Händen, die alles Herzleid wenden!« (EKG 42,7).
In solchem Beten legt sich der Sturm, und es wird ganz still.

Sie waren empört

Jesus kam nach Jericho und zog durch die Stadt. Da war ein Mann namens Zachäus, ein reicher Zolleinnehmer. Er wollte gern sehen, wer Jesus sei. Aber er konnte es nicht wegen der vielen Leute, er war nämlich klein von Gestalt. So lief er voraus und stieg auf einen Maulbeerbaum, um ihn zu sehen, wenn er dort vorbeikommen würde.
Als Jesus an diese Stelle kam, sah er zu ihm hinauf und sagte: »Zachäus, komm schnell herunter, ich muß heute bei dir zu Gast sein.«

Zachäus stieg sofort herunter und nahm Jesus mit Freuden bei sich auf.
Alle, die das sahen, waren empört und sagten: »Bei einem Sünder ist er eingekehrt.«
Aber Zachäus trat zu Jesus und sagte: »Herr, ich will die Hälfte meines Vermögens den Armen geben. Und wenn ich jemand betrogen habe, gebe ich ihm das Vierfache zurück.«
Da sagte Jesus zu ihm: »Heute ist diesem Haus Heil widerfahren; er ist doch auch ein Sohn Abrahams.«

Die Geschichte ist so bekannt, daß man die Erregung der Bewohner von Jericho kaum noch begreift. Vielleicht wird sie verständlicher, wenn wir für den Zachäus solche Menschen oder Menschengruppen einsetzen, die uns am wenigsten sympathisch sind. Für Jesus gibt es keine Abgrenzung oder Aussperrung. Gott stellt keine Bedingungen für seine Liebe, er will nur eines: aufgenommen und in unser Leben hereingenommen werden. Die Empörung der Bewohner von Jericho rührt daher, daß sie vergleichen, daß sie mit ihrem Lebensstil als einer Leistung rechnen, die Gott anerkennen muß. Sie meinen, Jesus müsse diesen Lebensstil ebenfalls würdigen und deshalb zu ihnen kommen. Erstaunlicherweise macht Jesus dem Zachäus keinerlei Vorschriften oder gar Vorwürfe. Und doch oder gerade deshalb fällt Zachäus ein, wie er sein Leben neu ordnen kann. Die Freude über die Freundlichkeit Gottes, sichtbar im Handeln Jesu, beflügelt seine Fantasie und verwandelt sein Herz. Solche Freude ist ansteckend, läßt sich praktizieren und schafft Freunde.
Nicht: Wenn du dich so oder so verhältst, dann will ich dich lieben. Sondern: Weil Gott dich und mich liebt, kann ich dich annehmen. Wir sind alle, ohne Ausnahme, Teilhaber am Geschenk Gottes, an seiner Liebe; ohne den andern haben wir keinen Anteil an ihr.

Was ihr seht und hört

Jesus sagte zu seinen Jüngern:
»Die Ernte ist groß, aber es gibt nicht genug Arbeiter. Bittet den Herrn der Ernte, daß er Arbeiter in seine Ernte schickt. Und nun geht! Ich sende euch wie Schafe mitten unter die Wölfe. Nehmt keinen Geldbeutel mit, keine Vorratstasche, keine Schuhe. Verliert keine Zeit unterwegs mit Grüßen. Wenn ihr ein Haus betretet, dann sagt: ›Friede diesem Haus.‹ Und gibt es dort einen, der den Frieden annehmen will, wird der Friede auf ihm bleiben, wenn nicht, kehrt er zu euch zurück. Bleibt in einem solchen Haus, eßt und trinkt, was man euch gibt. Wer arbeitet, hat auch ein Recht auf Lohn. Bleibt dort und wechselt nicht von einem Haus zum andern. Wenn ihr in eine Stadt kommt, dann eßt, was man euch vorsetzt. Heilt die Kranken und sagt: ›Das Reich Gottes ist euch nahe gekommen.‹ Kommt ihr aber in eine Stadt, wo sie euch nicht aufnehmen wollen, da tretet auf die Straße und sagt: ›Selbst den Staub eurer Stadt an unsren Füßen schütteln wir ab. Doch sollt ihr wissen: Das Reich Gottes ist nahe herbeigekommen.‹ Wer euch hört, der hört mich. Wer euch abweist, der weist mich ab und damit auch den, der mich gesandt hat.«
Und Jesus wurde vom Geist Gottes mit Freude erfüllt und sagte: »Ich preise dich, Vater, Herr des Himmels und der Erde, daß du das den Weisen und Klugen verborgen hast, was du den Unwissenden zeigst. Ja, Vater, so ist es dein Wille gewesen. Alles hat mir mein Vater übergeben. Niemand kennt den Sohn als nur der Vater, und niemand kennt den Vater als nur der Sohn und der, dem es der Sohn offenbart.«
Und zu den Jüngern sagte er: »Freut euch, daß ihr das alles sehen dürft. Ich sage euch: Viele Propheten und Könige wollten das sehen, was ihr seht, und haben es nicht gesehen, und viele wollten hören, was ihr hört, und haben es nicht gehört.«

Das zurechtbringende Handeln Jesu und seiner Jünger ist überstrahlt von großer Freude. Jesus dankt dafür, daß jetzt die neue Welt Gottes Gestalt gewinnt. In den Worten Jesu, die man auch die Aussendungsrede nennt, bekommen die Jünger Anweisungen, die auch für die Gemeinde später gültig bleiben. Sie zeigen, daß die Jünger nicht seßhaft werden dürfen, weil die Gottesherrschaft überall bekannt gemacht werden muß. Im Auftrag Jesu wird eine Kraft sichtbar, die die Jünger erfüllen und frei machen kann von vorsichtigem und ängstlichem Zurückschauen.

Durch die Geschichte der Kirche hindurch bis heute gilt der Aufruf Jesu: Und nun geht und bietet den Menschen Gottes Frieden an. Wer ihn annimmt, bei dem wird er bleiben. Jetzt hat Gottes neue Welt Anker geworfen mitten in der alten Welt der Gewalt und des Todes. Ein altes Lied der Kirche beschreibt es so: »Es kommt ein Schiff, geladen bis an sein' höchsten Bord, trägt Gottes Sohn voll Gnaden, des Vaters ewigs Wort. Das Schiff geht still im Triebe, es trägt ein teure Last. Das Segel ist die Liebe, der Heilig Geist der Mast. Der Anker haft' auf Erden, da ist das Schiff am Land. Das Wort tut Fleisch uns werden, der Sohn ist uns gesandt« (EKG 4,1–3).

Wer den Friedensgruß Gottes für sich gelten läßt, wird ein Friedensmensch sein, der sehen und hören kann, was Gott schenkt: »Ich gebe euch meinen Frieden. Erschreckt nicht und habt keine Angst« (Johannes 14,27).

Wie viele Türen sind verschlossen für Menschen, die nicht genug können oder genug haben, um sie zu öffnen? Jesus hat den Sabbat neu erschlossen als ein Fest der offenen Türen: Kommt alle, denn der Sabbat ist für den Menschen da, nicht der Mensch für den Sabbat! Ein warmes, freundliches Licht macht den Platz vor der Kirche hell und einladend. Die Mauern weisen nicht mehr ab, sondern nehmen auf und bieten Schutz. Das Licht der Freude breitet sich aus, denn zum Fest Gottes ist jeder eingeladen.

Für die Menschen dasein

Hier geht es um mehr

Es geschah, daß Jesus am Sabbat durch die Kornfelder ging. Seine Jünger waren hungrig und fingen an, Ähren abzureißen und zu essen.
Als die Pharisäer das sahen, sagten sie zu Jesus: »Sieh, was deine Jünger tun. Das ist am Sabbat verboten.«
Jesus antwortete ihnen: »Habt ihr denn nicht gelesen, was David tat, als er und seine Männer Hunger hatten? Wie er da in das Gotteshaus hineinging und sie die geweihten Brote aßen, was weder ihm noch seinen Männern erlaubt war; was nur die Priester dürfen? Oder habt ihr nicht im Gesetz gelesen, daß die Priester am Sabbat, wenn sie im Tempel tätig sind, das Sabbatgebot brechen, ohne schuldig zu werden? Und ich sage euch: Hier geht es um mehr als den Tempel. Wenn ihr begriffen hättet, was es heißt: ›Ich will Barmherzigkeit und nicht Opfer‹, dann hättet ihr nicht diese Unschuldigen hier verurteilt. Der Menschensohn ist Herr auch über den Sabbat.«

»Der Sabbat ist für den Menschen da und nicht der Mensch für den Sabbat« (Markus 2,27). Mit dieser Feststellung öffnet Jesus wie mit einem Schlüssel die Herzkammer Gottes: Liebe, Barmherzigkeit, Leben. Um die Bedeutung dieser Erkenntnis Jesu zu ermessen, muß man einmal für Sabbat die »Heiligen Kühe« einsetzen, die wir nicht schlachten können: die Schule, die Gesetzgebung, die Ehe, den Beruf, den Besitz, das Hobby. Sie alle sind für den Menschen da und nicht der Mensch für sie. Nach dem Willen Gottes steht der Mensch im Mittelpunkt der Welt, ganz frei und zugleich dem Schöpfer und Erhalter des Lebens ganz nahe.

In die jüdische Frömmigkeit hatte sich das Leistungsdenken und -glauben eingeschlichen. Der Tag der Freude Gottes an seiner Schöpfung hatte sich verkehrt in einen Tag der Angst vor Gottes Strafe. Das Beispiel vom Ährenausreißen kann dies belegen: Am Sabbat soll der Mensch nicht arbeiten müssen, sondern feiern dürfen. Korndreschen ist Arbeit. Körner zwischen den Fingern zerreiben ist Dreschen. Also sind Ährenausreißen und die Körner essen Arbeit und am Sabbat verboten.
Die Einsicht Jesu in den Willen Gottes macht frei und fröhlich. Ich kann fragen: Was ist jetzt nötig? Und darf dann tun, was gut ist, weil es dem andern zum Leben hilft. Gerade der Sabbat soll dies deutlich machen: »Die auf Gott sehen, werden strahlen vor Freude« (Psalm 34,6).

Es ist erlaubt

Von dort ging Jesus weiter und kam in die Synagoge. Da war ein Mann mit einer gelähmten Hand. Die Pharisäer hätten gern etwas gehabt, um Jesus zu verklagen. Deshalb fragten sie ihn: »Ist es erlaubt, am Sabbat zu heilen?«
Er antwortete: »Wenn einer von euch nur ein einziges Schaf hat und es fällt ihm am Sabbat in eine Grube, wird er es dann nicht packen und herausholen? Und ein Mensch ist doch viel mehr wert als ein Schaf! Also: Es ist erlaubt, am Sabbat Gutes zu tun.«
Dann sagte er zu dem Mann: »Streck deine Hand aus!«
Der Mann streckte sie aus, und sie wurde gesund wie die andere.
Da gingen die Pharisäer hinaus und wurden sich einig darüber, Jesus zu beseitigen.

Sie richtete sich auf

Jesus lehrte am Sabbat in einer Synagoge. Da war eine Frau, die seit achtzehn Jahren von einer Krankheit geplagt wurde, so daß sie ganz verkrümmt war und sich überhaupt nicht mehr aufrichten konnte. Als Jesus sie sah, rief er sie zu sich und sagte zu ihr: »Du sollst von deiner Krankheit frei sein!« Und er legte ihr die Hände auf.
Da richtete sie sich auf und pries Gott.
Der Synagogenvorsteher war verärgert darüber, daß Jesus am Sabbat geheilt hatte, und sagte zu den Leuten: »Sechs Tage in der Woche habt ihr Zeit zum Arbeiten. Da könnt ihr kommen und euch heilen lassen; aber nicht am Sabbat.«
Der Herr erwiderte: »Ihr Heuchler. Bindet nicht jeder von euch am Sabbat seinen Ochsen oder seinen Esel los und führt ihn zur Tränke? Diese Frau ist eine Tochter Abrahams. Achtzehn Jahre lang hat der Satan sie in Fesseln gehalten. Und da sollte man sie nicht am Sabbat davon befreien dürfen?«
Als er das gesagt hatte, waren seine Gegner beschämt. Aber die Leute freuten sich über all die herrlichen Taten, die durch ihn geschahen.

Zwei Beispiele für das Freudenfest Sabbat, an dem in besonderer Weise gilt, was jeden Tag des Lebens bestimmt: Gottes heilsame und zurechtbringende Liebe. Und nun verkehrt sich gerade dieses Fest in sein Gegenteil.
Einst war in Babylon der 7. Tag ein »böser Tag«, an dem bestimmte Verrichtungen nicht getan werden durften, um die Götter nicht zu erzürnen. Israel hatte in der Auseinandersetzung mit der Frömmigkeit der Babylonier den Freudentag Gottes dagegengesetzt und ist später selbst wieder in babylonisches Denken zurückgefallen.
Für Jesus hängt alles daran, daß der ursprüngliche Sinn des Festes wieder aufleuchtet: Gottes Freude an uns und unsere Freude an Gott. Der Sabbat ist der Festtag, an dem die Menschen Gottes befreiende und heilmachende Zuwendung feiern. Hier entscheidet sich, ob wir Gesetzesfrömmigkeit oder Dankesfrömmigkeit praktizieren wollen; ob wir meinen, wir könn-

ten Gott mit unsrer Frömmigkeit beeinflussen, oder ob wir glauben, daß Gott unsre Armut und Selbstbezogenheit überwunden hat durch seine Liebe. Er hat uns zuerst geliebt (1. Johannes 3,19), darum können wir überhaupt leben und lieben.

Solch eine grenzüberschreitende Liebe stößt auf Widerstand bei jeder selbstgemachten Frömmigkeit. Deshalb fällt hier auch die Entscheidung, ob wir uns mitfreuen oder Jesus in uns beseitigen wollen. Die einen wußten nicht zu antworten, die andern freuten sich. Jesus lädt uns ein zum Fest der Freude.

Bewegung durch Bilder

Euch ist es gegeben

Jesus verließ sein Haus und setzte sich ans Seeufer. Es kamen so viele Menschen zu ihm, daß er in ein Boot steigen mußte. Dort setzte er sich, während die Leute am Ufer stehen blieben. Er redete lange mit ihnen und sagte vieles in Gleichnissen.
Er sagte: »Ein Bauer ging aufs Feld, um zu säen. Und beim Säen fiel einiges auf den Weg. Da kamen die Vögel und fraßen es auf. Einiges fiel auf felsigen Boden, wo nicht viel Erde war. Es ging schnell auf, weil es zu wenig Erde hatte, um Wurzeln zu schlagen. Als die Sonne hochstieg, verdorrte es; denn es hatte keine Wurzeln. Einiges fiel unter dorniges Gestrüpp, das schnell aufwuchs, und es erstickte. Einiges fiel auf guten Boden und brachte Frucht; eines davon hundertfach, das andere sechzigfach, ein drittes dreißigfach. Wer Ohren hat, der höre!«
Da kamen seine Jünger und fragten ihn: »Warum sagst du vieles in Gleichnissen, wenn du zu den Leuten sprichst?«
Jesus antwortete: »Euch ist es gegeben, die Geheimnisse der Gottesherrschaft zu kennen; aber den andern ist es nicht gegeben. Euch will ich sagen, was das Gleichnis vom Sämann bedeutet:
Zu jemand, der die Botschaft Gottes hört, ohne sie zu verstehen, kommt der Böse und reißt heraus, was in sein Herz gesät ist. Solch ein Mensch ist gemeint mit dem Samen, der auf den Weg fällt. Der Samen auf felsigem Boden ist der Mensch, der die Botschaft Gottes hört und sofort mit Freuden aufnimmt; sie kann aber nicht Wurzel schlagen, weil sie ihm nur im Augenblick wichtig ist. Gerät er ihretwegen in Schwierigkeiten oder Verfolgung, wendet er sich von ihr ab. Der Samen unter dornigem Gestrüpp, das ist der Mensch, der die Botschaft Gottes

wohl hört, aber da kommen die Sorgen der Zeit und die Verlockungen des Reichtums und ersticken sie, und er bringt keine Frucht. Der Samen aber, der auf guten Boden fällt, das ist der Mensch, der die Botschaft Gottes hört und versteht und Frucht bringt, der eine hundertfach, der andere sechzigfach, ein dritter dreißigfach.«

Jesus hat oft Gleichnisse erzählt, Schlüsselgeschichten, um das Geheimnis der Gottesherrschaft und Gottesliebe aufzuschließen. Solche Schlüssel öffnen aber nicht jedem die Tür des Geheimnisses. Erst das eigene Verstehen, die Erfahrung, das beständige Suchen nach dem Schloß, in das der Schlüssel paßt, öffnet die Tür des Gleichnisses ganz.
Wer sich dabei von Jesus leiten läßt, dem »ist es gegeben«, der hört und sieht und versteht, was da von Gott herkommt, und er nimmt es in sein Leben hinein.
Unsre Schlüsselgeschichte zeigt Gott als den großen Verschwender der Liebe. Mit weitausholender Bewegung wirft er die Samenkörner des Lebens aus und fragt nicht, wohin sie fallen. Wie die Natur millionenfache Angebote macht, damit einige wenige Samen Leben schaffen, so verschenkt Gott seine lebenschaffende Liebe; es gibt keinen Ort der Welt, wo sein Samenkorn nicht gefunden werden kann.
Wer ein solches Lebenswort entdeckt, hat ausgesorgt. In sein Leben hineingepflanzt, treibt es Wurzel, bringt Frucht und hält ihn und andere am Leben. Auch wenn unser Boden dünn ist vor Dummheit oder hart vor Hilflosigkeit und überwuchert von Sorgen und Angst, der verschwenderische Sämann der Liebe geht wieder und wieder darüber. Er will, daß seine Liebe und Kraft Wurzel treibt, unsern Boden umwandelt, tief und locker macht, daß da etwas Sinnvolles und Lebenerhaltendes anfängt. »Ich will ein Neues schaffen. Jetzt soll es aufwachsen. Merkt ihr es nicht? spricht der Herr« (Jesaja 43,19).

Laßt beides wachsen

Jesus erzählte ein anderes Gleichnis:
Die Gottesherrschaft ist so wie der Mann, der guten Samen auf seinen Acker säte. Als aber die Leute schliefen, kam sein Feind, säte Unkraut zwischen den Weizen und ging davon. Nun wuchs die Saat auf und setzte Frucht an; da wurde auch das Unkraut sichtbar.
Die Knechte gingen zum Gutsherrn und fragten: »Herr, hast du nicht guten Samen auf deinen Acker säen lassen? Woher kommt denn das Unkraut?«
Der Gutsherr antwortete: »Das muß ein Feind uns angetan haben.«
Da fragten die Knechte: »Sollen wir hingehen und das Unkraut auslesen?«
Der Herr antwortete: »Nein, sonst könntet ihr den Weizen mit herausreißen. Laßt beides miteinander wachsen bis zur Ernte. Wenn Erntezeit ist, will ich zu den Helfern sagen: ›Lest zuerst das Unkraut zusammen und bindet es in Bündel zum Verbrennen. Den Weizen aber bringt in meine Scheune.‹«

Wir Menschen leiden an einer Krankheit, gegen die anscheinend kein Kraut gewachsen ist: an der Trennsucht. Kaum haben wir irgendein »Unkraut« erkannt, müssen wir uns von ihm trennen, es verurteilen, ausstoßen, ja sogar verbrennen. Und die Blindheit, die aus der Trennsucht folgt, trifft uns zuerst. Wer macht uns demnächst zu »Unkraut« und wirft uns weg?
Der Gutsherr im Gleichnis Jesu will nicht »Fünfe grad sein lassen«; Kraut und Unkraut sind deutlich unterscheidbar. Aber das Trennen könnte beide in Gefahr bringen.
Die Schlüsselgeschichte öffnet den Blick auf den Mann, der sät und säen läßt. Das ist die Grundbewegung des Menschen, der Gott entspricht: öffnen, verschenken, ausgeben, das gute Wort des Lebens verbreiten. Die Bewegung des Ausreißens, Abtrennens und Verurteilens ist nicht in der Liebe. »Laßt beides miteinander wachsen«, ist Jesu Ratschlag im persönlichen und politischen Streit, weil da Geduld, Gelassenheit und Bescheiden-

heit sichtbar werden und sich der Blick auf den Herrn der Ernte richtet, dem wir nicht ins Handwerk seiner göttlichen Liebe und Gerechtigkeit pfuschen müssen. »Ei nun, so laß ihn ferner tun und red ihm nicht darein, so wirst du hier im Frieden ruhn und ewig fröhlich sein« (Paul Gerhardt, EKG 230,18).

Seit Anfang der Welt

Jesus erzählte noch andere Gleichnisse vom Reich Gottes: Mit der Gottesherrschaft ist es so: Da nimmt einer ein Senfkorn und sät es auf seinen Acker. Es ist das kleinste unter allen Samenkörnern; aber was aus ihm hervorwächst, wird größer als alle anderen Kräuter. Es wird ein Baum, in dessen Zweigen die Vögel nisten können.

Oder es ist so:
Eine Frau nimmt Sauerteig und mengt ihn unter einen halben Zentner Mehl. So durchsäuert er den ganzen Teig.

Oder es ist so:
In einem Acker ist ein Schatz vergraben. Den findet ein Mann, versteckt ihn, geht heim in seiner Freude, verkauft, was er besitzt, und kauft den Acker.

Oder es ist so:
Ein Kaufmann sucht schöne Perlen; er entdeckt eine ganz besonders wertvolle; verkauft alles, was er hat, und erwirbt sie.

Oder es ist so:
Ein Netz wird im Meer ausgeworfen, um Fische aller Art zu fangen. Ist das Netz voll, ziehen es die Fischer ans Land, sammeln die guten Fische in die Körbe und werfen die unbrauchbaren weg.

Das alles erzählte Jesu den Leuten in Gleichnissen; anders redete er nicht davon. So erfüllte er, was durch den Propheten angekündigt war: »Ich will in Gleichnissen reden und nur in Gleichnissen aufdecken, was seit Anfang der Welt verborgen ist« (Psalm 78,2).

Mit diesen fünf bewegenden Schlüsselszenen läßt uns Jesus in die Welt Gottes hineinschauen. Sie ist vom Anfang der Schöpfung an das unveränderliche Angebot: »Ich will für euch dasein!« Die Welt Gottes ist unsre Welt; nirgends sonst will Jesus die Gottesherrschaft ausrufen und aufschließen. Er kämpft und leidet dafür, daß das wahr ist: »Ich will für euch dasein!« Er nimmt Gott beim Wort und bindet das »Ich will« Gottes an sein eigenes Leben. Jesus sagt: »Ich will für euch dasein«, und hilft dem, der seine Hilfe annimmt. So wächst das Samenkorn, beginnt der Sauerteig zu wirken, zieht das Netz Kreise im Meer. Wer das »Ich will für dich dasein« Gottes gelten läßt, hat Schatz und Perle entdeckt, von denen sich leben läßt. Wer, wie Jesus, Gott beim Wort nimmt, der kann sagen: »Also will ich für euch, für alle, die mir begegnen, dasein. Gib mir dazu die Kraft, du Schöpfer des Lebens.«
Mit einem solchen Entschluß, vielleicht ganz ohne Lärm und Aufsehen, wächst das, was immer schon war, aber verborgen war, in die sichtbare Welt hinein und bietet »den Vögeln Platz zum Nisten«, also einen Ort für die Hoffnung. Wir sind glaubwürdig, weil Gott unsern Glauben würdigt und unser Leben als Zeichen seiner Herrschaft bestätigt. »Selig, die keine Gewalt ausüben. Sie werden die Erben der Erde sein« (Matthäus 5,5) (siehe bei »Mit leeren Händen«, S. 35).

Dann wirst du leben

Ein Schriftgelehrter wollte Jesus auf die Probe stellen und fragte ihn: »Meister, was muß ich tun, um einmal das ewige Leben zu empfangen?«
Jesus fragte zurück: »Was steht darüber im Gesetz? Was liest du dort?«
Er antwortete: »Du sollst den Herrn, deinen Gott, lieben von ganzem Herzen, mit ganzer Seele, mit all deiner Kraft und deinem ganzen Verstand, und deinen Nächsten wie dich selbst.«
Jesus sagte: »Du hast richtig geantwortet. Tu das, dann wirst du leben.«

Der Schriftgelehrte wollte sich rechtfertigen und fragte Jesus: »Wer ist denn mein Nächster?«
Darauf erzählte Jesus: »Ein Mann ging von Jerusalem nach Jericho hinab. Da wurde er von Räubern überfallen. Sie nahmen ihm alles, schlugen ihn zusammen, verschwanden und ließen ihn halbtot liegen. Zufällig kam ein Priester denselben Weg herab, sah ihn liegen und ging vorbei. Es kam auch ein Levit dahin, sah ihn und ging vorbei. Ein Mann aus Samarien kam auf seiner Reise auch dorthin. Er sah ihn, und sein Unglück ging ihm zu Herzen. Er ging zu ihm, wusch seine Wunden mit Öl und Wein aus und verband sie. Dann setzte er ihn auf sein Reittier, brachte ihn in eine Herberge und umsorgte ihn dort. Am nächsten Tag gab er dem Wirt zwei Silberstücke und sagte: ›Pflege ihn! Und wenn du mehr brauchst, will ich es dir geben, wenn ich zurückkomme.‹«
Jesus fragte den Schriftgelehrten: »Was meinst du, wer von den dreien für den Überfallenen zum Nächsten geworden ist?«
Er antwortete: »Der, der barmherzig zu ihm war.«
Da sagte Jesus zu ihm: »Dann geh und mach es auch so!«

Die Liebe zum Mitmenschen (3. Mose 19,18) und die Liebe zum Geber des Lebens (5. Mose 6,5) sind ein gemeinsamer Vorgang. Wer sich seinem Nächsten zuwendet, der wendet sich Gott zu (Matthäus 25,40). Der fromme Verstand aber macht Unterschiede: Wer ist mein Nächster? Doch sicher nicht jeder, der mir im Weg liegt! Muß ich nicht ganz bestimmte Voraussetzungen prüfen, um einen andern als meinen Nächsten anzunehmen?
Jesus nimmt nicht ohne Absicht einen Mann aus Samarien zum Vorbild, einen Andersgläubigen also, von dem der fromme Zuhörer in Israel nichts Gutes erwartet: Dieser Samaritaner kann mir doch keine Antwort geben! Doch Jesus öffnet mit seiner Erzählung dem »blinden« Zuhörer die Augen: Dort liegt die Antwort. Gott ist »unter die Räuber gefallen«. Er ruft dich! Wenn unsre Antwort lautet: »Ich will dein Nächster sein!«, dann kommen wir dem Mitmenschen sehr nahe, der jetzt, gerade jetzt, unsre Hilfe braucht. Und wir kommen damit Gott so nahe, daß Jesus in Jubel ausbricht: »Selig, der du barmherzig

bist. Gott wird dir mit Barmherzigkeit begegnen und Anteil geben an seinem Leben!«
Der Samaritaner mit dem offenen Herzen hat den Zuhörer mit seinem frommen Vorbehalt überzeugt. Wer Gott sucht, entdeckt ihn in der Antwort auf diese Frage: Wer braucht mich jetzt als seinen Nächsten?

Sei mir gnädig

Da waren einige, die sich in ihrer Frömmigkeit sehr sicher fühlten und auf die andern herabsahen. Ihnen erzählte Jesus dieses Gleichnis:
Zwei Männer gingen in den Tempel, um zu beten, ein Pharisäer und ein Zöllner. Der Pharisäer trat nach vorn und betete: »Gott, ich danke dir, daß ich nicht bin, was andere sind: Räuber, Betrüger und Ehebrecher oder so einer wie dieser Zöllner. Ich faste zweimal in der Woche und gebe den zehnten Teil von all meinen Einkünften.«
Der Zöllner blieb ganz hinten stehen und wagte kaum aufzuschauen. Er schlug sich an die Brust und sagte: »Gott, sei mir Sünder gnädig!«
Ich sage euch: Der Zöllner ging als einer heim, den Gott angenommen hatte; der andere nicht.

Pharisäer haben keinen guten Ruf unter uns: sie sind fast zum Schimpfwort geworden. Und sie sind doch für die Zeitgenossen Jesu Vorbild der Frömmigkeit, im besten Sinn die Pietisten ihrer Zeit gewesen, Menschen, die mit ihrem Glauben Ernst machten im praktischen Leben. Jesus stand den Pharisäern sehr nahe. Darum kann er ihnen auch die alles entscheidende Frage stellen: Denkt ihr, euer Glaube sei eine Leistung, die Gott honorieren muß, oder ein Geschenk, das Gott euch anbieten will?
Die Schlüsselgeschichte Jesu gibt Antwort: Unser Glaube ist allein Gottes Geschenk. Wir stehen mit leeren Händen vor ihm; er will sie uns füllen. Martin Luthers letzter Satz in seinem Leben lautete: »Wir sind Bettler: das ist wahr.« Gott verwan-

delt unser Leben; von seiner Liebe ist mein Handeln bestimmt. Mein Leben wird jetzt erst recht wichtig: Ich darf Salz und Licht für die Welt sein. Und das kann ich auch, wenn ich mir meines Angewiesenseins auf Gottes Gnade bewußt bleibe: Gott sei mir Sünder gnädig! Und zeige mir den Weg zu meinem Nächsten, daß ich so für ihn dasein kann, wie er es nötig hat.

Ich will geben

Mit der Gottesherrschaft ist es wie mit einem Gutsherrn, der früh am Morgen Arbeiter für seinen Weinberg einstellte. Er einigte sich mit ihnen auf den Tageslohn von einem Silberstück und schickte sie in seinen Weinberg. Um neun Uhr ging er wieder auf den Markt und sah andere herumstehen. Er sagte zu ihnen: »Ihr könnt auch in meinem Weinberg arbeiten. Ich will euch dann bezahlen, was recht ist.«

Und sie gingen hin.

Er kam um zwölf Uhr wieder und um drei Uhr, und jedesmal machte er es so.

Als er um fünf Uhr noch einmal auf den Markt kam, fand er wieder andere herumstehen. Er fragte sie: »Warum steht ihr den ganzen Tag untätig hier?«

Sie antworteten: »Es hat uns niemand eingestellt.«

Da sagte er: »Dann geht und arbeitet auch in meinem Weinberg mit.«

Am Abend sagte der Besitzer des Weinbergs zu seinem Verwalter: »Ruf die Arbeiter zusammen und zahl ihnen den Lohn aus. Fang bei denen an, die zuletzt gekommen sind, und dann bis zu den ersten.«

Die Männer, die erst um fünf Uhr angefangen hatten, traten vor, und jeder erhielt ein Silberstück.

Als die ersten an die Reihe kamen, dachten sie, sie würden mehr bekommen; doch auch von ihnen erhielt jeder ein Silberstück. Da begehrten sie auf gegen den Besitzer des Weinbergs und sagten: »Die letzten hier haben nur eine Stunde gearbeitet, und du behandelst sie genauso wie uns? Und wir haben doch den ganzen Tag in der Hitze schwer gearbeitet!«

Da sagte er zu einem von ihnen: »Mein Freund, ich tu dir kein Unrecht. Hatten wir uns nicht auf ein Silberstück geeinigt? Nimm deinen Lohn und geh! Ich will aber dem letzten hier das gleiche geben wie dir! Kann ich mit meinem Geld nicht machen, was ich will? Oder bist du neidisch, nur weil ich gütig bin?«

Diese Schlüsselgeschichte bewegt jeden Zuhörer. Keiner kann es ja den Arbeitern verdenken, daß sie die Leistung mit dem Lohn vergleichen. Ist es gerecht, daß alle gleich viel bekommen? Was stört uns eigentlich an dieser doch durchaus freundlichen Ungerechtigkeit? Die Absprachen wurden korrekt eingehalten; der ausgehandelte Lohn bezahlt. Es bleibt nur eine beschämende Antwort: Der Neid macht uns zu schaffen, der Vergleich mit andern, die besser wegkommen. Tief in uns sitzt der Zwang zum Aufrechnen-Müssen und zum Vorweisen unsrer Leistung.
Im Herrschaftsbereich Gottes gilt eine andere Gerechtigkeit; es ist die Freiheit der göttlichen Liebe. Wer in Gottes Weinberg mitarbeiten darf, lebt allein von dieser Freiheit. Immer wieder ergeht seine Aufforderung, den Herrschaftsbereich des Neides in uns zu verlassen und den der Freude in uns zu betreten. Wer einmal von der Freude ergriffen wurde, die bei diesem Ortswechsel spürbar wird, hat zum Leben das Vergleichen nicht mehr nötig. Er wird an Gottes Liebe genug haben und sich über jeden freuen, der ihm jetzt begegnet. »Du süße Lieb, schenk uns deine Gunst, laß uns empfinden der Liebe Brunst, daß wir uns von Herzen einander lieben und im Frieden auf einem Sinn bleiben« (Martin Luther, EKG 99,3).

Das Verlorene suchen

Allerlei Leute mit schlechtem Ruf, Zöllner und Sünder, drängten zu Jesus und wollten ihn hören. Die Pharisäer und die Schriftgelehrten waren ungehalten darüber und sagten: »Dieser Mann nimmt sich der Sünder an und ißt sogar mit ihnen.«
Da erzählte ihnen Jesus ein Gleichnis: Wer von euch wird, wenn er hundert Schafe hat und sich eines davon verläuft, nicht die neunundneunzig in der Steppe lassen und das verlorene suchen, bis er es findet? Und wenn er es gefunden hat, legt er es voll Freude auf seine Schulter und trägt es heim, ruft seine Freunde und Nachbarn zusammen und sagt zu ihnen: »Freut euch mit mir! Ich habe mein Schaf, das verloren war, wiedergefunden. Und ich sage euch: Im Himmel ist mehr Freude über einen einzigen Sünder, der umkehrt, als über neunundneunzig Gerechte, die nicht umzukehren brauchen.
Oder welche Frau, die zehn Silberstücke hat und eines davon verliert, wird nicht ein Licht anzünden, das Haus ausfegen und so lange suchen, bis sie es gefunden hat? Und wenn sie es gefunden hat, ruft sie ihre Freundinnen und Nachbarinnen zusammen und sagt: »Freut euch mit mir! Ich habe das Silberstück, das ich verloren hatte, wiedergefunden.«
Und ich sage euch: So freuen sich auch die Engel Gottes über einen einzigen Sünder, der umkehrt.

Gottes Welt erkennt man daran, daß die Regeln des Zusammenlebens anders sind als in unsrer Welt. Dort, wo sich mitten unter uns die Türen zum Reich Gottes auftun, bricht Jubel und Freude aus.
Jesus erzählt in seiner Schlüsselgeschichte, daß es zum Wesen Gottes gehört, einzuladen, nachzugehen, zu suchen und zurückzubringen. Wer sich an dieser Friedensbewegung der Gottesherrschaft beteiligt, ist Gott recht. Und wer sich von ihm locken läßt, zu kommen, umzukehren und neu anzufangen, über den freuen sich alle, die zu Gott gehören.
Der Herrschaftsbereich Gottes hat keine Grenzen und Mauern, so daß man sagen könnte: »hier ist es oder da ist es«

(Lukas 17, 21). Es ist Gottes Einladung an uns, ein Samenkorn; und es ist unsre Antwort, die in uns wächst wie ein Baum, zur Freude für alle. Sichtbar wird Friede, Versöhnung und Neuanfang. »Das Alte ist vergangen. Siehe, es ist alles neu geworden« (2. Korinther 5,17). Jesus selbst ist »die Tür« zum Reich der Freude, »der Weg« und das lebendige Zeichen dafür, daß das wahr ist. »Kommt zu mir«, sagt Jesus, »ihr alle, mit eurer Mühsal und Last. Ich will sie euch abnehmen. Bei mir findet ihr Ruhe und Kraft« (Matthäus 11,28).

Ein Freudenfest feiern

Jesus erzählte:
Ein Mann hatte zwei Söhne. Der jüngere sagte: »Vater, gib mir den Anteil an deinem Vermögen, der mir zusteht.«
Da teilte der Vater seinen Besitz unter sie auf.
Bald danach nahm der jüngere Sohn alles, was ihm gehörte, und zog in ein fernes Land. Dort brauchte er sein ganzes Vermögen auf durch ein verschwenderisches Leben.
Als er nichts mehr besaß, brach in jenem Land eine schwere Hungersnot aus, und er kam in Not. Er zog herum und geriet an einen Bürger des Landes, der ihn zum Schweinehüten auf die Felder schickte. In seinem Hunger hätte er gerne von dem Futter der Schweine gegessen; aber man erlaubte es ihm nicht.
Da ging er in sich und sagte: »Die Arbeiter meines Vaters haben Brot im Überfluß und ich komme hier vor Hunger um. Ich will mich auf den Weg machen und zu meinem Vater gehen. Ich will zu ihm sagen: ›Vater, ich bin schuldig geworden vor Gott und vor dir. Ich bin es nicht mehr wert, dein Sohn zu sein. Nimm mich als einen deiner Arbeiter an.‹«
Und er machte sich auf den Weg zu seinem Vater.
Als er noch weit weg war, sah ihn sein Vater und hatte Erbarmen mit ihm. Er lief ihm entgegen, fiel ihm um den Hals und küßte ihn.
Der Sohn sagte: »Vater, ich bin schuldig geworden vor Gott und vor dir. Ich bin es nicht mehr wert, dein Sohn zu sein.«
Aber der Vater rief seinen Knechten: »Bringt schnell ein Festge-

wand und zieht es ihm an, steckt ihm einen Ring an den Finger und bringt ihm Schuhe. Holt ein Mastkalb und schlachtet es. Wir wollen ein Freudenfest feiern. Denn mein Sohn hier war tot. Jetzt lebt er wieder. Er war verloren. Jetzt ist er wiedergefunden!«
Und sie fingen fröhlich zu feiern an.
Als der ältere Sohn vom Feld heimkam und sich dem Haus näherte, hörte er das Singen und Tanzen. Er rief einen der Knechte und fragte, was das zu bedeuten habe.
Der sagte: »Dein Bruder ist wiedergekommen; da hat dein Vater das Mastkalb schlachten lassen, weil er ihn gesund wiederhat.
Da wurde der ältere Sohn zornig und wollte nicht hineingehen.
Doch sein Vater kam heraus und bat ihn herein zum Fest. Der Sohn aber sagte: »So viele Jahre diene ich dir schon und habe alle deine Gebote befolgt. Hast du mir je auch nur einen Ziegenbock gegeben, daß ich mit meinen Freunden hätte feiern können? Und jetzt kommt der daher, dein Sohn, der dein Vermögen mit Huren verjubelt hat, und du schlachtest das Mastkalb für ihn!«
Der Vater antwortete: »Mein lieber Sohn, du bist allezeit bei mir; und alles, was ich habe, gehört dir. Wir müssen doch einfach feiern und uns freuen; denn dieser hier, dein Bruder, war tot und ist lebendig geworden, er war verloren und ist wiedergefunden.

Die Mitte des Lebens ist das Fest der Versöhnung. So erzählt es Jesus in dieser berühmt gewordenen Geschichte vom Vater und den beiden Söhnen. Von diesem Fest weg und auf dieses Fest zu laufen die Linien der Söhne. Der eine zieht davon mit dem vorzeitig in Anspruch genommenen Erbe. Der Vater läßt ihn ziehen. Als alles verspielt und verloren ist, zieht es den Sohn wieder heim oder, wie es Helmut Gollwitzer einmal gesagt hat, »zieht die Liebe des Vaters ihn wieder heim«. Der andere bleibt beim Vater, arbeitet bei ihm, lebt mit ihm und ist doch weit weg von seiner Liebe. Er läßt sich nicht zum Fest bitten, weil er sich nicht freuen kann, nicht mitfreuen. Und

Ein leichter Hauch – und schon kommt Bewegung in alles. Spiegelungen werden sichtbar, Halme wiegen sich im Licht, Wassertropfen blitzen auf, und es zeigen sich ganz neue Farben. So müssen die Gleichnisse gewirkt haben, die Jesus erzählte: die Situation verändert sich, der Zuhörer entdeckt Neues und spürt, daß er seinen Standpunkt verändern muß. Das Bild vom Teich ist selbst wie ein Gleichnis für die Verwandlung durch den Hauch des Lebens.

die Geschichte endet: »Wir müssen uns doch freuen und miteinander feiern.«
Immer wieder müssen wir einander vorrechnen, was wir können und was wir versäumt haben. Die Freude will sich nicht einstellen, weil das Bewußtsein stumpf dafür geworden ist, daß wir alle Beschenkte sind. Keiner kann seinem Leben auch nur eine Minute hinzufügen; jeder Augenblick ist ein Geschenk. »Dieser da, dein Bruder, war tot. Jetzt lebt er wieder.« Wir wollen das geschenkte Leben mit Freude empfangen und gestalten. »Es ist ja, Herr, dein G'schenk und Gab mein Leib und Seel und was ich hab in diesem armen Leben. Damit ich's brauch zum Lobe dein, zu Nutz und Dienst des Nächsten mein, wollst mir dein Gnade geben« (EKG 247,2).

Weil er klug war

Jesus erzählte seinen Jüngern:
Ein reicher Mann hatte einen Verwalter. Als ihm hinterbracht wurde, daß er leichtfertig mit seinem Vermögen umging, ließ er ihn rufen und sagte: »Was höre ich da von dir? Gib mir Rechenschaft über deine Arbeit; denn du kannst nicht länger Verwalter sein.«
Da überlegte der Verwalter: Was mach ich nur? Mein Herr wird mir kündigen; zu schwerer Arbeit tauge ich nicht, und ich schäme mich, betteln zu gehen. Ich weiß, was ich tun werde, damit die Leute mich in ihre Häuser aufnehmen, wenn ich meine Stellung verloren habe. Er rief jeden einzeln zu sich, der bei seinem Herrn Schulden hatte. Er fragte den ersten: »Wieviel schuldest du meinem Herrn?«
Der antwortete: »Hundert Faß Öl.«
Und der Verwalter sagte: »Nimm deinen Schuldschein, setz dich hin und schreib schnell: fünfzig.«
Dann fragte er den zweiten: »Und wie steht es bei dir? Was schuldest du ihm?«
Der antwortete: »Hundert Sack Weizen.«
Da sagte der Verwalter: »Hier ist dein Schuldschein, schreib schnell: achtzig.«

Der Herr lobte den betrügerischen Verwalter, weil er klug war, und sagte: »Die Menschen dieser Welt gehen klüger miteinander um als die Menschen des Lichts.«

Jesus lobt die Klugheit und Entschlossenheit, die ein Mensch angesichts der drohenden Katastrophe einsetzt, um das Schlimmste abzuwenden; er lobt nicht das leichtfertige und betrügerische Umgehen mit fremdem Eigentum. Und Jesus macht mit dieser schockierenden Schlüsselgeschichte deutlich, daß im Licht der anbrechenden Gottesherrschaft die eigene Situation sich als unhaltbar erweist.
Wir haben nichts vorzuweisen, was uns vor dem Urteil bewahren könnte: Du bist leichtfertig mit seinem Vermögen umgegangen! Jesus fordert uns auf, umzukehren und mit aller Kraft daran zu arbeiten, daß wir gerettet werden, nicht durch Betrug, sondern durch Liebe, so wie das Gebet es sagt:
»O Herr, mach mich zu einem Werkzeug deines Friedens,
daß ich Liebe übe, wo man sich haßt,
daß ich verzeihe, wo man sich beleidigt,
daß ich verbinde, wo Streit ist,
daß ich die Wahrheit sage, wo der Irrtum herrscht,
daß ich den Glauben bringe, wo der Zweifel drückt,
daß ich die Hoffnung wecke, wo die Finsternis regiert,
daß ich Freude mache, wo der Kummer wohnt.«
Solche »Klugheit« segnet Gott, und wir können sagen: »Ich weiß, was ich tun werde. Jetzt will ich es tun.«

Zu treuen Händen

Jesus erzählte:
Mit der Gottesherrschaft ist es wie mit einem Mann, der eine weite Reise vorhatte. Er rief seine Diener zusammen und übergab ihnen seinen gesamten Besitz zu treuen Händen. Dem einen gab er fünf Talente, dem zweiten gab er zwei und dem dritten eines, jedem nach seiner Fähigkeit. Dann reiste er ab. Der mit den fünf Talenten machte sich sofort daran, Geschäfte abzuschließen. So gewann er fünf Talente dazu. Auch der mit

den zwei Talenten gewann weitere zwei. Aber der mit dem einen Talent nahm das Geld seines Herrn, grub ein Loch und versteckte es in der Erde.
Nach langer Zeit kam der Herr zurück und wollte mit seinen Dienern abrechnen.
Der mit den fünf Talenten trat vor, brachte noch fünf dazu und sagte: »Herr, du hast mir fünf Talente übergeben. Hier sind weitere fünf, die ich hinzugewonnen habe.«
Sein Herr sagte zu ihm: »Das ist gut. Du bist ein tüchtiger und treuer Diener. Du hast das Wenige treu verwaltet. Ich will dir Vieles anvertrauen. Komm zu meinem Freudenfest.«
Auch der mit den zwei Talenten trat vor und sagte: »Herr, du hast mir zwei Talente übergeben. Hier sind weitere zwei, die ich hinzugewonnen habe.«
Sein Herr sagte zu ihm: »Das ist gut. Du bist ein tüchtiger und treuer Diener. Du hast das Wenige treu verwaltet. Ich will dir Vieles anvertrauen. Komm zu meinem Freudenfest.«
Zuletzt kam der mit dem einen Talent und sagte: »Herr, ich wußte es, du bist ein harter Mann. Du erntest, wo du nicht gesät hast, und willst einnehmen, wo du nichts ausgeworfen hast. Ich hatte Angst und habe dein Geld vergraben. Hier hast du es zurück.«
Da sagte sein Herr zu ihm: »Du bist ein böser und fauler Diener. Du wußtest also, daß ich ernte, wo ich nicht gesät habe, und einnehme, wo ich nichts ausgeworfen habe. Dann hättest du mein Geld den Wechslern bringen können, um es mit Zinsen wiederzuerhalten. Nehmt ihm sein Talent und gebt es dem, der zehn Talente hat. Jeder, der etwas hat, wird mehr als genug dazubekommen; wer aber nichts hat, dem wird auch das, was er bekommen hat, genommen. Werft den Nichtstuer hinaus in die Dunkelheit; dort wird Heulen und Zähneknirschen sein.«

Schlüsselgeschichten öffnen manchmal auch eine Tür, durch die man nicht mehr zurückkann. Auf einmal ist da ein neuer Raum, in dem ich eine Entscheidung treffen muß, die nicht mehr zurückzunehmen ist. Jetzt ist die Zeit, das Vermögen einzusetzen, um es zu mehren, oder dieses Vermögen zu verachten und zu verleugnen.

Das Vermögen, das der Herr zu treuen Händen übergeben hat, ist seine Liebe. Ich kann mit ihr »Geschäfte« machen, diakonische und soziale, politische und pädagogische. Die Liebe wird sich ausbreiten und vermehren. Ich kann sie aber auch ablehnen und nichts tun. Meine Entscheidung hat unmittelbare Folgen: Gott beschenkt mich mit mehr Kraft und Fantasie, als ich umsetzen kann. Er überläßt mich aber auch meiner Ablehnung und Angst. Wann immer mir die Tür seines Reiches geöffnet wird, wann immer er mir Gelegenheit bietet, stellvertretend und treuhänderisch in seinem Sinn zu leben und zu lieben, kann ich mein Talent in Bewegung setzen und mit ihm rechnen. Er gibt mir so viel, daß ich damit wuchern kann, in meinem Beruf und in meiner Freizeit. »Gib, daß ich tu mit Fleiß, was mir zu tun gebühret, wozu mich dein Befehl in meinem Stande führet. Gib, daß ich's tue bald, zu der Zeit, da ich soll, und wenn ich's tu, so gib, daß es gerate wohl« (EKG 383,2).
Gott hat mir sein Talent geschenkt, das ist ein Grund zur Freude.

Die Zeit der Weinlese

Jesus sagte: Hört noch dieses Gleichnis:
Ein Gutsherr legte einen Weinberg an, zog einen Zaun darum, ließ eine Kelter bauen und einen Wachtturm. Dann übertrug er die Arbeit den Weingärtnern und reiste weit weg.
Als nun die Zeit der Weinlese kam, schickte er seine Knechte zu den Weingärtnern, um die Ernteerträge zu holen. Die Weingärtner nahmen die Knechte fest; einer wurde verprügelt, ein anderer totgeschlagen, ein dritter gesteinigt.
Der Besitzer des Weinbergs schickte noch einmal Knechte hin, mehr als beim ersten Mal; mit denen machten sie es genauso.
Schließlich schickte er seinen Sohn zu ihnen, weil er dachte: Meinem Sohn werden sie doch wohl Achtung entgegenbringen!
Als aber die Weingärtner den Sohn kommen sahen, sagten sie zueinander: »Das ist der Erbe. Wir töten ihn, dann gehört uns der Weinberg.«

Da packten sie ihn, stießen ihm zum Weinberg hinaus und brachten ihn um.
Jesus fragte: »Was wird der Besitzer mit den Weingärtnern tun, wenn er selbst kommen wird?«
Sie antworteten: »Er wird den grausamen Weingärtnern ein böses Ende bereiten und seinen Weinberg anderen anvertrauen.«

Voller Liebe hatte einst der Prophet Jesaja in seinem Weinberglied den Freund besungen, der mit Geduld und Freude einen Weinberg anlegte und auf gute Trauben hoffte (Jesaja 5,1-7). Und er fragte: »Sagt selbst, was kann man eigentlich noch mehr tun für den Weinberg? Gott, der Herr dieses Volkes, dieses Weinbergs, hat all seine Liebe und Geduld daran gegeben.« »Sein Herz hängt an ihm«, sagt der Prophet. Und trotzdem kommen schlechte Trauben! Statt Friede und Gerechtigkeit wachsen Gewalt und Unrecht.
Jesus macht in seiner Nacherzählung deutlich, daß die Stimme des Weinbergbesitzers niemals zum Verstummen gebracht werden kann, selbst wenn seine Boten und sogar der Erbe selbst verfolgt und getötet werden. Gottes Liebe geht ihren Weg. Der Weinberg wird anderen anvertraut werden. Und plötzlich ist es um die stolzen Möchtegernbesitzer kalt und dunkel. Wie ist es in uns, in unsren Kirchen, um die Glut der Liebe bestellt, die den Trauben Süße und Kraft verleiht? Ist Gott schon unterwegs zu andern, wo bessere Trauben wachsen? »Die Rebe kann nur Frucht bringen, wenn sie am Weinstock bleibt«, heißt es im Johannesevangelium (Johannes 15,4). Wir können Frieden und Gerechtigkeit nur dann hervorbringen, wenn uns dazu die Kraft geschenkt wird. Jesus will sie uns schenken: »Wer in mir bleibt wie die Rebe am Weinstock, der bringt viel Frucht« (Johannes 15,5): Friedensfrucht, Frucht der Freude und der Geduld. Laß uns gute Mitarbeiter in deinem Weinberg sein, lieber Herr!

In Wahrheit ist es so

Wenn der Menschensohn in seiner Herrlichkeit kommt, von allen Engeln begleitet, wird er auf dem Königsthron Platz nehmen, und alle Völker werden sich vor ihm versammeln. Er wird sie voneinander trennen, wie ein Hirt die Schafe von den Böcken trennt, die Schafe zur Rechten und die Böcke zur Linken.

Dann wird der König sich an die zu seiner rechten Hand wenden: »Kommt her, ihr Gesegneten meines Vaters! Tretet euer Erbe an, das Reich, das von allem Anfang an auf euch wartet. Denn ich war hungrig, und ihr habt mir zu essen gegeben; durstig, und ihr habt mir zu trinken gegeben; fremd, und ihr habt mich aufgenommen; nackt, und ihr habt mich bekleidet; krank, und ihr habt mich versorgt; gefangen, und ihr habt mich besucht.«

Die Gerechten werden zu ihm sagen: »Herr, wann haben wir dich hungrig gesehen und gaben dir zu essen, oder durstig und gaben dir zu trinken? Wann haben wir dich als Fremden gesehen und aufgenommen, oder nackt und dich bekleidet? Wann warst du krank, und wir haben dich versorgt, oder gefangen, und wir haben dich besucht?«

Und der König wird antworten: »In Wahrheit ist es so: Was ihr einem dieser geringsten unter meinen Brüdern getan habt, das habt ihr mir getan.«

Dann wird er sich an die zu seiner Linken wenden: »Geht weg, ihr Verfluchten, in das ewige Feuer, das auf den Satan und seine Diener wartet. Denn ich war hungrig, und ihr habt mir nichts zu essen gegeben; durstig, und ihr habt mir nichts zu trinken gegeben; fremd, und ihr habt mich nicht aufgenommen; nackt, und ihr habt mich nicht bekleidet; krank, und ihr habt mich nicht versorgt; gefangen, und ihr habt mich nicht besucht.«

Dann werden auch sie sagen: »Herr, wann haben wir dich hungrig gesehen oder durstig, als Fremden oder nackt, krank oder gefangen, und haben dir nicht geholfen?«

Da wird der König antworten: »In Wahrheit ist es so: Was ihr einem dieser Geringsten nicht getan habt, das habt ihr auch mir nicht getan.«

Und sie werden zur ewigen Strafe weggehen, die Gerechten aber zum ewigen Leben kommen.

Alle Strahlen der göttlichen Liebe vereinigen sich wie in einem Brennpunkt in dieser Schlüsselgeschichte: Von allem Anfang an ist es die Absicht des Schöpfers, seinem Ebenbild, dem Menschen, die Welt freizugeben für die Liebe untereinander. Das ist seine Wahrheit: »Gott sah alles an, was er geschaffen hatte: alles war sehr gut so« (siehe bei »Die Erde soll leben«, S. 101).
Jesus, der Sohn des Menschen und der Sohn Gottes in einem, öffnet die Tür zu dieser Wahrheit; er deckt auf, wozu Gott dem Menschen die Freiheit geschenkt hat: um tausendfältig seine Liebe zu spiegeln mit den Gaben, die jeder hat, mit großen und kleinen. Wer das Geschenk Gottes zu einer Leistung verkehrt, die der eigenen Verherrlichung dient, der holt sich den Tod. Hier und jetzt entscheiden wir über den Weg zu Gott, zu unsrem Ursprung hin, oder von Gott, von unsrem Ursprung weg. Die Entscheidung fällt in jeder Begegnung mit unsren Mitmenschen. Geschlagene und Gekreuzigte fordern die Liebe am eindeutigsten heraus; Gott bittet in ihnen um unser Erbarmen. Er weiß, daß wir lieben können; aber er überläßt uns die Entscheidung. Jeder Tag unsres Lebens ist das Angebot seines ewigen, göttlichen Lebens: Komm, du reich Gesegneter, und gib mir deine Hand, deine Fantasie, deinen Verstand, deine Geduld, deine Freude zurück!
Gottes Stimme ist deutlich hörbar in jedem, der meine Hilfe braucht.

Der Weg durch die Nacht

Herr, bleib nicht fern

Mein Gott, mein Gott, warum hast du mich verlassen?
Ich schreie, warum bist du so fern?
Ich rufe bei Tag, doch du antwortest nicht.
Ich finde auch nachts keine Ruhe.

Aber du bist der heilige Gott.
Die Danklieder Israels kommen zu dir.
Unsre Väter setzten ihr Vertrauen auf dich.
Sie hofften und wurden befreit.
Sie schrien zu dir. Du hast sie gerettet.
Sie vertrauten dir und blieben am Leben.

Aber ich bin kein Mensch mehr, sondern ein Wurm.
Die Leute spotten und verachten mich.
Alle, die mich sehen, verhöhnen mich.
Sie verziehen den Mund und schütteln den Kopf:
Er hat sich Gott überlassen, der soll ihm helfen.
Der soll ihn retten, ihm gefällt er doch!

Du hast mich aus dem Mutterleib gezogen.
Geborgenheit erfuhr ich an der Mutterbrust.
Vom ersten Tag an lebe ich aus dir.
Du bist mein Gott, seit ich geboren wurde.
Sei mir nicht fern; denn Angst ist nah.
Und da ist keiner, der mir helfen kann.

Wie Wasser bin ich ausgeschüttet.
Meine Glieder lösen sich auf.
Mein Herz zergeht in mir wie Wachs.
Meine Kräfte sind aufgezehrt.

Die Zunge klebt mir am Gaumen.
Du läßt mich im Staub wie einen Toten liegen.

Die Hunde haben mich umstellt.
Das Mordgesindel läßt mich nicht entkommen.
Sie haben mir Hände und Füße durchbohrt.
Ich kann alle meine Knochen zählen.
Sie aber stehen da und sehen zu.
Sie teilen meine Kleider unter sich auf.
Sie werfen das Los über meinem Gewand.

Doch du, Herr, bleib nicht fern von mir.
Komm schnell, meine Stärke, und hilf!

Da klagt und betet einer, ruft Gott um Hilfe und Schutz an, weil er der Gewalt der Menschen, des Leidens und Sterbens hilflos ausgeliefert ist.

Jeder, der schon einmal ähnliche Erfahrungen durchlitten hat, wird die Echtheit und Hilfe dieses Gebets bestätigen. Der Beter erinnert Gott an sein rettendes Eingreifen in der Geschichte seines Volkes und seines persönlichen Lebens. Und in solchem erinnernden Festhalten an Gott, der jetzt so unfaßbar weit weg ist, liegt die Hoffnung des Beters, daß Gott ihn nicht dem Tod überläßt, sondern ihm Leben schenkt. Es ist doch Gottes Ehrenname, »Helfer und Retter« zu sein.

Wer so betet und hofft, ist einer, »der Gott gefällt«, »den Gott von Herzen liebt« (siehe bei »Das ist mein Knecht«, S. 192). Der Psalm 22 zeigt uns die »Innenseite« des Leidenden, der bei Jesaja 53, im sogenannten Gottesknechtslied, von außen beschrieben wird. Mit solchen alten Gebeten und Liedern haben die Jünger Jesu versucht, das Leiden und Sterben ihres Meisters zu erfassen und ihren jüdischen Landsleuten den »Geliebten Gottes« vor Augen zu stellen. Darum soll dieses alttestamentliche Gebet am Anfang der Leidensgeschichte Jesu stehen. Sie wird nicht in der Nacht des Todes zu Ende sein. »Weicht ihr Trauergeister! denn mein Freudenmeister, Jesus, tritt herein. Denen, die Gott lieben, muß auch ihr Betrüben lauter Freude sein. Duld ich schon hier Spott und Hohn, dennoch bleibst du auch im Leide, Jesu, meine Freude« (EKG 293,6).

Das Leiden und Sterben Jesu will uns die Tür öffnen zum Leben und zur Freude. Jesus sagt es uns zu: »Ich lebe, und ihr sollt auch leben« (Johannes 14,19).

Ein gutes Werk

Es waren noch zwei Tage bis zum Passafest und bis zu den Feiertagen der ungesäuerten Brote. Die Hohenpriester und die Schriftgelehrten suchten nach einem Weg, wie sie Jesus unter einem Vorwand festnehmen und aus dem Weg räumen könnten. Sie sagten: »Es darf unter keinen Umständen beim Fest geschehen, damit es nicht zu Aufruhr im Volk kommt.«
Jesus hielt sich in Betanien, bei Simon, dem Aussätzigen auf. Während er aß, kam eine Frau mit einem kleinen Krug voll kostbarem Nardenöl herein. Sie brach ihn auf und goß das Öl über sein Haupt.
Da empörten sich einige und sagten zueinander: »Was soll diese Verschwendung? Man hätte das Öl für mehr als dreihundert Silberstücke verkaufen und das Geld Armen geben können.« Und sie machten der Frau Vorwürfe.
Jesus aber sagte: »Laßt sie in Ruhe! Warum bedrängt ihr die Frau? Sie hat ein gutes Werk an mir getan. Arme habt ihr jederzeit bei euch und könnt ihnen Gutes tun, wann immer ihr wollt. Mich aber habt ihr nur noch kurze Zeit bei euch. Sie hat alles getan, was ihr möglich war. Sie hat meinen Leib schon im voraus für mein Begräbnis gesalbt. Hört, was ich sage: Wo immer in der Welt Gottes gute Botschaft verkündet wird, da wird man auch von dem erzählen, was sie getan hat, und ihrer gedenken.

Was auch die »Vorgeschichte« dieser Frau gewesen sein mag, jetzt, im Haus des Simon, kommt sie zum Ziel. Die Frau verschenkt mit leichter Hand alles, was sie lange gehütet und erspart hat. Das ist doch wohl nur möglich, wenn etwas Neues, etwas so Wichtiges geschehen ist, daß alle bisherigen Werte dagegen gering werden. Die Bibel nennt es das Heil; das Geschenk des Ganzwerdens, des Angenommenseins mit allem,

was ich bin und habe, die Erfahrung, daß ich neu geschaffen bin. Gott spricht: Das Alte ist vergangen. Siehe, ich mache alles neu (Offenbarung 21,5).
Die Antwort ist Freude, alles bestimmende und verändernde Freude. Wie der Kaufmann mit Freude geht und alles verkauft, um die Perle zu besitzen, oder der Zöllner mit Freude kommt, um Jesus zu bewirten, so kommt nun diese Frau und erfüllt das Haus mit dem herrlichen Lavendelgeruch der kostbaren Narde. Dagegen wirken die theologischen Richtigkeiten der neidischen Männer recht ärmlich; jedenfalls sind sie jetzt »kein gutes Werk«.
Das gute Werk geschieht dort, wo die Freude das Leben bestimmt. Das gute Werk tut deshalb Jesus selbst mit seinem Weg nach Jerusalem. Er verschenkt sein ganzes Leben in der Freude an Gott. Und aus dem Gefäß seines zerbrochenen Leibes breitet sich der verschwenderische Duft der Osterfreude über die ganze Welt. Wo immer diese gute Botschaft gehört wird, vergeht das Alte, und unser Leben wird neu und ganz.

Wie es geschrieben steht

Judas Iskariot, einer der zwölf Jünger, ging zu den Hohenpriestern und bot ihnen an, Jesus auszuliefern. Als sie das hörten, freuten sie sich und versprachen ihm Geld dafür. Von da an suchte er nach einer günstigen Gelegenheit, um Jesus zu verraten.
Am ersten Feiertag der ungesäuerten Brote wurden die Passalämmer geschlachtet. Die Jünger fragten Jesus: »Wo sollen wir das Festmahl für dich zubereiten?«
Jesus schickte zwei von ihnen weg und sagte: »Geht in die Stadt! Dort wird euch ein Mann begegnen, der einen Wasserkrug trägt. Folgt ihm! Wo er hineingeht, sagt zu dem Hausherrn: ›Der Meister läßt fragen, wo er in deinem Haus mit seinen Jüngern das Passamahl feiern kann.‹ Er wird euch einen großen Raum im oberen Stockwerk zeigen, mit Teppichen ausgelegt und zum Fest vorbereitet. Dort richtet alles für uns her.«

Die Jünger gingen in die Stadt und fanden es so, wie er gesagt hatte. Und sie bereiteten das Passamahl zu.
Als es Abend geworden war, kam er mit den zwölf Jüngern. Während des Festmahls sagte Jesus: »Hört, was ich sage: Einer von euch wird mich verraten, einer, der mit mir ißt.«
Da erschraken die Jünger sehr, und einer nach dem andern fragte: »Aber doch nicht etwa ich?«
Jesus sagte zu ihnen: »Einer aus dem Kreis der zwölf, der mit mir das Brot in die Schüssel taucht. Der Menschensohn geht zwar seinen Weg, wie es geschrieben steht, aber wehe dem Menschen, durch den der Menschensohn verraten wird. Es wäre für ihn besser, er wäre nie geboren.«
Während des Festmahls nahm Jesus das Brot, sprach den Segen, brach es und gab es ihnen und sagte: »Nehmt, das ist mein Leib!«
Dann nahm er den Becher, sprach ein Dankgebet und gab ihn an sie weiter, und alle tranken daraus. Und er sagte zu ihnen: »Das ist mein Blut, das für viele vergossen wird, um den Bund Gottes zu bestätigen. Hört, was ich sage: Ich werde nun nicht mehr vom Gewächs des Weinstocks trinken bis zu dem Tag, an dem ich von neuem in Gottes Reich davon trinke.«
Dann sangen sie die Dankpsalmen und gingen zum Ölberg hinaus.

»Vergiß nicht, was er dir Gutes getan hat« (Psalm 103,2). Wir sind Meister im Vergessen, deshalb können wir besser jammern als danken. Israel ist ein Vorbild des Erinnerns. Es lebt von dem, was erzählt wird; man hat dieses Volk eine »Erzählgemeinschaft« genannt, denn die Erinnerung an Gottes rettendes Handeln wurde gefeiert und gelebt. Der 7. Tag der Woche, der Sabbat, ist der Tag des Erinnerns. Die Kerzen, die Lieder, die Gebete, die Ruhe dienen allesamt dem dankbaren Gedenken an Gottes Freundlichkeit. Der Sabbat ist ein Freudentag, denn das Erinnern macht die Zukunft hell: So wie uns Gott bisher geführt hat, will er uns weiterführen bis zum Ziel. Im feierlichen Wieder-Holen der Vergangenheit kommt Gott ganz nahe. Am Passafest ist das besonders deutlich: da wird von der Rettung aus der Gefangenschaft in Ägypten und aus

dem Hunger in der Wüste erzählt, da wird der Bund Gottes bestätigt und erneuert.
Jesus prägt es seinen Jüngern ein: Wenn ihr das Fest des Erinnerns feiert, will ich euch so nahe sein wie das Brot, das ihr jetzt eßt, und wie der Wein, den ihr trinkt. Auch wenn ich nicht mehr da bin, werde ich bei euch sein im Fest des Erinnerns. Dann wird das Licht Gottes euren Weg hell machen, daß ihr ihn getrost und mit Freude gehen könnt.
Das festliche Erinnern dessen, was Gott uns Gutes getan hat, verbindet uns miteinander und mit Gott. Das Vergessen aber macht einsam und krank. Wir können jederzeit damit beginnen, uns zu erinnern und der Freude eine Chance zu geben, unsre Angst vor der Zukunft zu vertreiben. Erinnere dich: Was hat er dir Gutes getan?

Die Stunde ist da

Sie kamen zu einem Stück Land, das Getsemani hieß. Jesus sagte zu seinen Jüngern: »Bleibt hier, bis ich gebetet habe.«
Er nahm Petrus, Jakobus und Johannes mit. Da ergriff ihn Angst und Schrecken, und er sagte zu ihnen: »Meine Seele ist betrübt bis an den Tod. Bleibt hier und wacht!«
Dann ging er noch ein Stück weiter, warf sich auf die Erde und betete, daß diese schwere Stunde, wenn es möglich wäre, an ihm vorübergehen möge: »Abba, Vater, dir ist alles möglich. Laß diesen Leidenskelch an mir vorübergehen. Doch nicht, was ich will, geschehe, sondern was du willst.«
Er kam zurück und fand sie eingeschlafen. Er sagte zu Petrus: »Simon, du schläfst? Konntest du denn nicht einmal eine Stunde wachbleiben? Wacht und betet, daß ihr nicht in Versuchung kommt. Ihr habt wohl den Willen, aber es fehlt euch die Kraft.«
Er ging wieder weg und betete mit den gleichen Worten.
Als er zurückkam, fand er sie wieder eingeschlafen; denn die Augen waren ihnen schwer geworden, und sie wußten nicht, was sie ihm antworten sollten.

Als Jesus zum dritten Mal zu ihnen zurückkam, sagte er: »Wollt ihr denn immerzu weiterschlafen und euch ausruhen? Genug jetzt! Die Stunde ist da! Nun wird der Menschensohn in die Hände der Sünder gegeben werden. Steht auf; laßt uns gehen! Seht, der mich verrät, ist schon da!«
Noch während er das sagte, kam Judas, einer aus dem Kreis der zwölf; und bei ihm war eine Schar von Männern mit Schwertern und Knüppeln, ausgeschickt von den Hohenpriestern, Schriftgelehrten und Ältesten. Der Verräter hatte mit ihnen ein Zeichen ausgemacht: »Wen ich küssen werde, der ist es. Den sollt ihr festnehmen und wegbringen.«
Nun ging er geradewegs auf Jesus zu. »Rabbi«, sagte er zu ihm und küßte ihn.
Da ergriffen sie Jesus und nahmen ihn fest. Einer, der dabeistand, zog sein Schwert, ging auf den Knecht des Hohenpriesters los und schlug ihm ein Ohr ab.
Jesus sagte zu ihnen: »Mit Schwertern und Knüppeln seid ihr ausgezogen, als müßtet ihr einen Verbrecher einfangen. Jeden Tag war ich bei euch im Tempel und habe gelehrt, da habt ihr mich nicht festgenommen. Doch so erfüllt sich, was in den Schriften angekündigt ist.«
Da verließen ihn alle Jünger und flohen.

Eine betrübte Seele, ein verschattetes Gemüt, ein kraftloser Geist; so kann das Lebensgefühl vieler Menschen beschrieben werden. Die innere Leere und Verängstigung zeigt, daß wir Licht brauchen und Kraft, und daß wir sie uns nicht selber geben können. Darum lohnt es sich, zu kämpfen. Und Jesus kämpft. Seine Waffe ist das Gebet, das Reden der »betrübten Seele« mit dem Schöpfer des Lichts: »Ich habe keine Kraft zum Leiden und Sterben. Jetzt noch nicht. Laß es an mir vorbeigehen, bitte!«
So fangen viele Gebete an, und so hören sie auch auf. Jesus aber geht den alles entscheidenden Schritt weiter: »Nicht, was ich will, soll geschehen, sondern was du willst.« Gottes Name ist »Ich will dasein für dich«. Darauf beruft sich Jesus, und darauf bekommt er Antwort. »Nicht alle unsre Wünsche, aber alle seine Verheißungen erfüllt Gott« (D. Bonhoeffer). Seine Ver-

heißung, sein Versprechen lautet: »Ich will mit dir sein und dich behüten, wo du auch hingehst. Ich will dich nicht verlassen, bis ich alles tue, was ich dir versprochen habe« (1. Mose 28,15). Die Jünger kämpfen nicht; sie gehen den andern Weg, den wir alle gut kennen: Flucht in den Schlaf, in das Verstummen, in die Betäubung. Am Ende sind sie unfähig zum Leben; sie laufen alle weg; die Angst in ihren Herzen hat gesiegt.
Jesus kann seinen Weg gehen; er stellt sich dem Dunkel; das Vertrauen zu Gottes Liebe hat gesiegt. Jesus hat für uns und für alle deutlich gezeigt, daß der Weg durch Leiden und Sterben hindurch mitten in das Herz Gottes, in sein Leben und sein Licht hineinführt. Jeder kann jetzt auf diesem Weg gehen. Und wenn wir stehenbleiben oder weglaufen wollen, dann hilft er uns beten: »Du willst bei mir sein und mit mir gehen. Was du willst, Herr, soll geschehen.«

Ihr werdet sehen

Sie brachten Jesus zum Hohenpriester. Dort versammelten sich alle Hohenpriester, Schriftgelehrten und Ältesten. Petrus war Jesus in einiger Entfernung gefolgt, bis hinein in den Hof des Hohenpriesterhauses. Dort setzte er sich zu den Knechten ans Feuer und wärmte sich. Die Hohenpriester und der ganze Hohe Rat suchten nach einer Anklage gegen Jesus, mit der sie ihn zum Tod verurteilen konnten; sie fanden aber nichts. Es traten zwar viele falsche Zeugen auf; aber ihre Aussagen stimmten nicht überein.
Einige traten auf und behaupteten: »Wir haben gehört, wie er sagte: ›Ich werde diesen Tempel, der von Menschenhand gemacht ist, abreißen und in drei Tagen einen andern errichten, der nicht von Menschenhand gemacht ist.‹«
Aber auch da stimmten ihre Aussagen nicht überein.
Da stand der Hohepriester auf, trat in ihre Mitte und fragte Jesus: »Hast du nichts gegen diese Anklagen vorzubringen?«
Jesus aber schwieg und antwortete ihm nicht.
Da fragte ihn der Hohepriester: »Bist du der Messias, der Sohn des Höchsten?«

Angst wird erfahren als Engwerden: der Weg wird schmaler, die Kraft läßt nach, es gibt keine Möglichkeit, wegzulaufen. Diesen Weg zum Tod muß jeder gehen. Es ist in besonderer Weise auch der Weg Jesu. Da ist ein wenig Licht, fast vor den Füßen dessen, der sein Kreuz tragen muß: Gottes Geleit. Jesus sieht es und bittet: Dein Wille, Gott, soll geschehen! Und so wird das Dunkel Schritt für Schritt erhellt.

Und Jesus sagte: »Ja, ich bin's. Und ihr werdet den Menschensohn sitzen sehen zur Rechten des Allmächtigen und kommen sehen auf den Wolken des Himmels.«
Da zerriß der Hohepriester sein Gewand und sagte: »Wozu brauchen wir noch Zeugen? Ihr habt die Gotteslästerung gehört. Wie lautet euer Urteil?«
Sie sprachen ihn alle des Todes schuldig.
Und einige spuckten ihn an, einige verbanden ihm die Augen, schlugen ihn und sagten: »Weissage, wer es war!« Dann schlugen auch die Knechte auf ihn ein.
Petrus aber saß noch unten im Hof. Da kam eine von den Mägden des Hohenpriesters und sah, wie Petrus sich wärmte. Sie schaute ihn an und sagte: »Du warst doch auch bei dem Jesus aus Nazaret!«
Er leugnete und sagte: »Ich weiß nicht, was du meinst und wovon du redest.« Und er ging in den Vorhof hinaus.
Da krähte ein Hahn.
Doch die Magd sah ihm nach und sagte zu denen, die dastanden: »Das ist einer von ihnen!«
Er aber leugnete wieder.
Nach einer Weile fingen die Umstehenden von neuem an: »Natürlich gehörst du zu ihnen; du bist doch aus Galiläa!«
Da schwor Petrus und sagte: »Verflucht will ich sein, wenn ich lüge! Ich kenne den Menschen nicht, von dem ihr redet.«
Und zum zweitenmal krähte der Hahn.
Da erinnerte sich Petrus daran, daß Jesus zu ihm gesagt hatte: »Noch vor dem zweiten Hahnenschrei wirst du mich dreimal verleugnen.« Und er fing an zu weinen.

Lange Zeit können wir mit halben Antworten leben, mit angepaßten, zurechtgestutzten Antworten, um ja nicht aufzufallen und Anstoß zu erregen. Und dann kommt ein Augenblick, wo alles auf dem Spiel steht. Wenn ich dazu Stellung genommen habe, ist nichts mehr wie vorher. Es sind die Entscheidungssituationen, in denen wir eindeutig erleben, wer wir sind und wozu wir leben; es sind die Augenblicke des Schuldigwerdens, der versäumten Chance oder auch des Bekennens und der gewonnenen Freiheit.

Jesus wird gefragt: »Gehörst du zu Gott?« Und Petrus wird gefragt: »Gehörst du zu Jesus?« Das Ja in beiden Fragen bedeutet ein Ja zum Abgelehntwerden und zum Leiden; das Nein bedeutet ein Nein dazu. Jesus kann Ja sagen, Petrus kann es nicht. Das hängt nun nicht an der »besseren« Natur Jesu und der »schlechteren« des Petrus. Jesus und Petrus hätten beide auch die andere Antwort geben können.
Wir haben beide Möglichkeiten in uns, zu sagen: Ja, ich bin's! Oder: Nein, ich bin's nicht!, also in unsrer Ängstlichkeit und Enttäuschung zu verharren oder mutig und im Vertrauen herauszutreten auf den Platz der Eindeutigkeit und der Wahrheit. Das letztere erfordert Mut. Wie kann solch ein Mut in uns wachsen?
Jesus antwortet: Wenn du das sein willst, wofür dich Gott hält, dann kannst du getrost sagen: Ich bin's! Paulus sagt es so: »Du bist nicht ein Sklave der Angst und des Todes, sondern der Sohn oder die Tochter der Freude und des Lebens. Das hat Jesus mit seinem Leben und Sterben aufgedeckt« (Galater 4, 5). Du kannst in den Entscheidungssituationen deines Lebens sagen: Ja, ich bin's! Jesus ermutigt uns dazu.
Und dann? Dann ist es heller geworden in unsrer dunklen Welt. Ja, ich bin für den Frieden, für die Versöhnung, für die Wahrheit, für die Gerechtigkeit, für das Leben. Ja, ich will Gott recht geben, wenn er mich als sein Kind annimmt.

Er sagte kein Wort mehr

In der Frühe des Morgens schlossen der Hohe Rat, alle Hohenpriester, Ältesten und Schriftgelehrten, die Beratungen ab. Sie ließen Jesus fesseln, führten ihn mit und brachten ihn vor Pilatus. Der fragte ihn: »Bist du der König der Juden?«
Jesus antwortete: »Du sagst es.«
Die Hohenpriester erhoben schwere Anschuldigungen gegen ihn. Pilatus fragte ihn: »Willst du nicht darauf antworten? Du hast ja gehört, was sie gegen dich vorbringen!«
Aber Jesus sagte kein Wort mehr, was Pilatus sehr wunderte. Er hatte die Gewohnheit, ihnen zum Passafest einen Gefangenen

nach ihrem Wunsch freizugeben. Da war ein Mann namens Barabbas zusammen mit anderen Anführern im Gefängnis; die hatten beim Aufstand einen Mord begangen. Eine Volksmenge zog herauf und bat Pilatus, wie in jedem Jahr zu verfahren.
Er fragte sie: »Soll ich euch nicht den König der Juden freigeben?« Denn er wußte längst, daß die Hohenpriester ihn aus Neid ausgeliefert hatten. Doch die Hohenpriester überredeten die Menge, sie sollten lieber um Barabbas bitten.
Pilatus fragte noch einmal: »Was soll ich denn mit dem machen, den ihr den König der Juden nennt?«
Da schrien sie: »Laß ihn kreuzigen!«
Pilatus fragte: »Was hat er denn Böses getan?«
Sie schrien aber noch lauter: »Laß ihn kreuzigen!«
Pilatus wollte die Menge zufriedenstellen und gab ihnen Barabbas frei. Jesus aber ließ er auspeitschen und befahl dann die Kreuzigung.
Die Soldaten führten ihn in den Innenhof des Palastes und riefen die ganze Mannschaft zusammen. Sie zogen Jesus einen Mantel im königlichen Rot an, flochten eine Krone aus Dornen und setzten sie ihm auf. Dann fingen sie an, ihm zu huldigen: »Heil dir, Judenkönig!« Und sie schlugen ihn mit einem Rohr auf den Kopf, spuckten ihn an, verneigten sich und knieten vor ihm nieder.
Nachdem sie ihn so verhöhnt hatten, nahmen sie ihm den Purpurmantel ab und zogen ihm seine Kleider wieder an. Dann führten sie ihn hinaus zur Kreuzigung.

Wenn der Mensch leidet, ist Gewalt im Spiel, die Gewalttätigkeit der Schmerzen, aber auch die Gewaltausübung von Menschen über Menschen durch Krieg oder Folter. Und viele leiden auch unter der leisen Gewalt von Abhängigkeiten, von Haß oder Neid. Und wir selbst üben leise oder laute Gewalt aus über andere, die dann unter uns leiden.
Wo gelitten wird, wo Leid zugefügt wird, da ist etwas Böses, Trennendes, Lebenszerstörendes am Werk. Es ist, als sei ein Gestirn aus seiner Bahn geraten und stürze nun, alles mit sich reißend, auf die Erde oder ins Nichts. Die eigenmächtige Bewegung ist am Ende selbstzerstörerisch und macht deutlich, daß

der einzige Sieger der Tod ist. Was als »Sünde« des Menschen bezeichnet wird, das ist dieses tödliche Losgerissensein aus der Bahn des Lebens und der Liebe. Die Völkerwelt, die ganze Schöpfung ist von dieser Bewegung zur Dunkelheit des Todes hin bedroht. Gibt es da überhaupt eine Hoffnung, die standhält und befreien kann?

Wir sind Zeugen der Verhöhnung Jesu, der nackten Gewalt und des Hasses. Von Jesus selbst hören wir nicht ein einziges Wort. »Wie das Schaf, das seinem Scherer stillhält, litt er schweigend«, heißt es im Gottesknechtslied (siehe bei »Das ist mein Knecht«, S. 192). Es ist nicht ein Schweigen der Verzweiflung, sondern der Hoffnung, daß sich die Stimme der Liebe melde und ihn in die Bewegung zum Licht hin, ins Leben hineinnehme. Das Schweigen Jesu ist ein Hören nach innen mit ganzer und letzter Kraft. Gott antwortet nicht mit Gegengewalt, sondern mit dem Angebot des Mit-Leidens. Wir entrinnen der Gewalttätigkeit des Todes nicht. Aber mit der gleichen Gewißheit ergreift uns die Macht des Lebens. »Wenn ich auch gar nichts fühle von deiner Macht, du bringst mich doch zum Ziele, auch durch die Nacht« (EKG 561, 3). Vielleicht kann uns »das Gebet des Jona« (s. auch bei »Ein liebevoller Gott«, S. 199) als Stimme eines Geretteten trösten:

Ich rief zu dir, Herr, in meiner Angst.
Du hast mir Antwort gegeben.
Ich schrie aus dem Rachen des Todes.
Du hast meine Stimme gehört.

Ich dachte, ich wäre für immer
aus deiner Nähe verstoßen
und würde deinen heiligen Tempel
nie mehr im Leben erblicken.

Wasser nahm mir den Atem,
und es verging mir das Leben.
Die Tiefe umringte mich ganz.
Schilfkraut bedeckte mein Haupt.

Ich sank hinunter
bis zu den Gründen der Berge.
Die Riegel des Todes
schlossen auf ewig mich ein.

Du aber hast mein Leben
aus dem Verderben gerettet.
Du hast mein Gebet angenommen.
Herr, mein Helfer und Gott.
(Jona 2,1-8.10)

Sie kreuzigten ihn

Auf dem Weg zwangen sie einen Mann, der gerade vom Feld kam, Jesus das Kreuz zu tragen. Es war Simon von Kyrene, der Vater von Alexander und Rufus. Sie brachten Jesus nach Golgota, was Schädelstätte bedeutet. Dort wollten sie ihm Wein geben, der mit betäubender Myrrhe gemischt war; aber er nahm ihn nicht. Dann kreuzigten sie ihn und verteilten seine Kleider, indem sie das Los warfen. So bekam jeder sein Teil.
Es war neun Uhr morgens, als sie ihn kreuzigten. Es wurde eine Tafel angebracht, auf der sein Vergehen stand: Der König der Juden. Mit ihm zusammen wurden zwei Verbrecher gekreuzigt, einer zu seiner Rechten, der andere zu seiner Linken.
Die dort vorbeigingen, schüttelten höhnisch die Köpfe und sagten: »He du, den Tempel wolltest du abreißen und in drei Tagen wieder aufbauen? Dann hilf dir doch selber und steig herunter vom Kreuz!«
Auch die Hohenpriester und Schriftgelehrten verspotteten ihn und sagten zueinander: »Andern hat er geholfen; sich selber kann er nicht helfen, der Messias, der König Israels! Er steige jetzt herunter vom Kreuz, daß wir es sehen; dann wollen wir auch glauben.«
Und die beiden, die mit ihm gekreuzigt waren, verhöhnten ihn auch. Um zwölf Uhr mittags kam eine Finsternis über das ganze Land bis um drei Uhr. Zu dieser Zeit schrie Jesus laut:

»Eli, Eli, lama sabachtani«, das bedeutet: »Mein Gott, mein Gott, warum hast du mich verlassen?«
Einige, die dabeistanden, sagten, als sie das hörten: »Er ruft den Elia!«
Einer lief und holte einen Schwamm, tränkte ihn mit Essig, steckte ihn auf ein Rohr und gab ihm zu trinken. Er sagte: »Jetzt wollen wir doch sehen, ob Elia kommt und ihn herunterholt!«
Aber Jesus schrie laut auf und starb.
Da riß der Vorhang im Tempel entzwei von oben bis unten.
Der Hauptmann, der dem Kreuz gegenüberstand und sah, wie Jesus starb, sagte: »Dieser Mann ist wahrhaftig Gottes Sohn gewesen!«
Auch Frauen waren da, die von weitem zusahen, unter ihnen Maria aus Magdala und Maria, die Mutter von Jakobus dem Kleinen und von Joses und Salome. Sie waren schon in Galiläa mit Jesus gezogen und hatten für ihn gesorgt. Auch noch viele andere Frauen waren da, die mit ihm nach Jerusalem gekommen waren. Es war der Abend vor dem Sabbat.
Da kam Josef aus Arimathäa, ein angesehenes Mitglied des Hohen Rates, der zu denen gehörte, die auch auf das Gottesreich warteten. Er wagte es, zu Pilatus zu gehen und um den Leichnam Jesu zu bitten. Pilatus wunderte sich, daß Jesus schon gestorben war. Er rief den Hauptmann und fragte ihn, ob Jesus denn tot sei. Als der Hauptmann es ihm bestätigt hatte, überließ er Josef den Leichnam.
Nun kaufte Josef ein Leinentuch, nahm Jesus vom Kreuz herunter und wickelte ihn in das Tuch. Dann legte er ihn in ein Grab, das in den Fels gehauen war, und rollte einen Stein vor den Eingang des Grabes. Maria aus Magdala und Maria, die Mutter von Joses, sahen, wo er begraben wurde.

Der Tod Jesu erscheint ebenso sinnlos, grausam und endgültig wie der Tod jedes Menschen. Der Tod deckt ein letztes Mal schonungslos auf, wer wir sind. Auch wer Jesus war, ist an seinem Sterben noch einmal sichtbar: ein Mensch, der Gott beim Wort nahm, sein ganzes Leben lang. Gott will als Schöpfer und Retter bei seinen Geschöpfen sein und sie be-

freien aus ihren selbstverschuldeten Zwängen und Gefängnissen. Gott beim Wort nehmen bedeutet: ihm das zutrauen bei jedem Schritt unseres Lebens, unseres Denkens und Handelns.
Solch ein Vertrauen bringt einen neuen Klang in unser Leben; der göttliche Ton der Liebe wird hörbar im Freiwerden von Schuld, Getrostwerden im Leid, Starkwerden in der Hoffnung, Geduldigwerden im Tun. Das alles ist auf dem Weg Jesu zum Tod immer noch sichtbar: Er heilt, rückt zurecht, tröstet, macht Hoffnung und bleibt dabei: Auch jetzt geschieht Gottes rettender und lebenschaffender Wille, nicht mit Trompeten und Posaunen, sondern unter Weinen und Schreien. Am Kreuz macht Jesus das für uns alle endgültig klar: nicht einmal der Tod kann uns von Gottes Liebe trennen. Wir sterben alle unsern eigenen Tod; aber wir haben einen Begleiter, der im Herzen Gottes angekommen ist. In der Stunde unsres Todes schließt Gott uns in sein Herz. Keiner ist vergessen und verloren, wenn er sich Jesus anvertraut. »Hier leiden wir die größte Not, vor Augen steht der ewig Tod; ach komm, führ uns mit starker Hand vom Elend zu dem Vaterland« (EKG 5,6).

Da ist es wieder, das Hervorleuchten aus der Tiefe. Schon in den Geburtsgeschichten Jesu war es die Mitte des Bildes. Jetzt füllt es den ganzen Raum aus. Der Grund des Lebens ist Licht; die Nacht des Leidens und der Verlorenheit wird davon umgriffen. Das erfahren die Freunde Jesu angesichts seines Sterbens. Und sie erzählen von der Begegnung, die ihnen widerfahren ist und aus der sie neuen Mut zum Leben empfangen.

Erzählte Hoffnung

Sie wandte sich um

Am Tag nach dem Sabbat kam Maria aus Magdala sehr früh, als es noch dunkel war, ans Grab und sah, daß der Stein vom Eingang weggenommen war. Sie blieb vor dem Grab stehen und weinte. Weinend beugte sie sich vor und schaute in das Grab.
Da sah sie zwei Engel in weißen Gewändern. Sie saßen an der Stelle, wo der Leichnam Jesu gelegen hatte, der eine da, wo sein Haupt war, der andere dort, zu seinen Füßen.
Die Engel fragten sie: »Warum weinst du?«
Maria antwortete: »Sie haben meinen Herrn weggenommen, und ich weiß nicht, wo sie ihn hingelegt haben.«
Da wandte sie sich um und sah Jesus dastehen; aber sie wußte nicht, daß er es war.
Jesus fragte sie: »Warum weinst du? Wen suchst du?«
Sie meinte, es wäre der Gärtner, und sagte zu ihm: »Wenn du ihn weggetragen hast, dann sag mir: Wo hast du ihn hingelegt? Ich will ihn holen!«
Da sagte Jesus zu ihr: »Maria!«
Sie wandte sich zu ihm und sagte: »Rabbuni!«, das heißt: Meister!
Jesus sagte zu ihr: »Halt mich nicht fest! Ich bin noch nicht zum Vater heimgekommen. Geh zu meinen Brüdern und sag ihnen von mir: Ich gehe zu dem, der mein Vater und euer Vater ist, mein Gott und euer Gott.«
Maria aus Magdala ging zu den Jüngern und bezeugte: »Ich habe den Herrn gesehen!«
Und sie sagte ihnen, was er ihr aufgetragen hatte.

Maria sieht nur das Grab, die Dunkelheit und Endgültigkeit des Todes. Unser aller Blick und Denken wird von der Nacht des Todes angezogen. Das Nichtmehrsein, das Nichts übt Macht aus über uns alle. Gibt es denn überhaupt noch etwas anderes neben dieser Bewegung auf den Tod zu?
Die Stimme des Lebens kommt von anderswo her. Sie trifft Maria von hinten, so daß sie sich umwenden muß. An dieser Umkehr zum Leben hängt alles. Wer der Stimme und Gestalt des Lebens Glauben schenken will, kann nicht zugleich in die Leere des Todes starren. Die Bewegung des Lebens zieht Maria weg vom Grab, hinein in das Licht der Liebe, das dem Tod die Macht entzogen hat. Es bedarf mehrfacher Umkehr; erst als Maria beim Namen gerufen wird, erkennt sie Jesus wieder. »Fürchte dich nicht. Ich habe dich befreit. Ich habe dich bei deinem Namen gerufen, du bist mein« (Jesaja 43, 1); so hat es Gott den Propheten verkünden lassen.
Hier, auf dem Acker des Todes, auf unsren leeren und dunklen Herzensäckern, wo so viele Hoffnungen begraben liegen, hören wir die Stimme des Lebens unsren Namen rufen: Du bist zum Leben berufen, du kannst dich den Menschen zuwenden und ihnen mit deinem Leben bezeugen: »Der Tod ist verschlungen in den Sieg. Tod, wo ist dein Stachel, Tod, wo ist deine Macht?« (1. Korinther 15, 55). Das Leben und Sterben Jesu bringt uns auf diesen neuen Weg. In Jesus ist Gott uns so nahe, daß wir seine Liebe fassen und aufstehen können.

Sie warfen das Netz aus

Danach offenbarte sich Jesus seinen Jüngern ein weiteres Mal am See von Tiberias, und zwar so: Da waren beieinander Simon Petrus und Thomas, genannt der Zwilling, Natanael aus Kana in Galiläa und die Söhne des Zebedäus und noch zwei weitere Jünger.
Simon Petrus sagte zu ihnen: »Ich geh fischen!«
Da sagten die andern: »Wir gehen mit!«
Sie gingen hinaus und stiegen ins Boot. Aber in dieser Nacht fingen sie nichts.

Als es nun Morgen wurde, stand Jesus am Ufer. Die Jünger wußten aber nicht, daß es Jesus war. Er fragte sie: »Kinder, habt ihr ein paar Fische?«
Sie antworteten: »Nein!«
Da sagte er zu ihnen: »Werft das Netz auf der rechten Seite des Bootes aus, dann findet ihr etwas.«
Sie warfen das Netz aus und fingen so viele Fische, daß sie das Netz nicht herausziehen konnten.
Der Jünger, den Jesus liebte, sagte zu Petrus: »Es ist der Herr!«
Als Simon Petrus das hörte, zog er sein Obergewand an, das er zur Arbeit abgelegt hatte, und sprang ins Wasser. Die andern Jünger kamen mit dem Boot, das kaum mehr als hundert Meter vom Land entfernt war, und schleppten das Netz mit den Fischen hinterher. Als sie am Land waren, sahen sie ein Kohlenfeuer mit Fisch darauf und dazu Brot.
Jesus sagte zu ihnen: »Bringt ein paar von den Fischen, die ihr gerade gefangen habt.«
Simon Petrus ging und zog das Netz herauf ans Land. Und es waren hundertdreiundfünfzig große Fische darin. Trotz der vielen Fische zerriß das Netz nicht.
Jesus sagte zu ihnen: »Kommt her; laßt uns essen!«
Keiner der Jünger wagte ihn zu fragen: »Wer bist du?« Doch sie wußten, daß er der Herr war.
Da trat Jesus zu ihnen, nahm das Brot und gab es ihnen, ebenso auch den Fisch.

Noch einmal anfangen dürfen! Wenn wir das könnten! Meistens gibt es dazu keine Gelegenheit mehr. Die Zeit ist abgelaufen, der Augenblick vertan, es ist endgültig und unwiederbringlich vorbei.
Die Jünger kehren zurück an den Anfang; dort am See hatte Jesus sie einst entdeckt und in das größte Abenteuer ihres Lebens gelockt: das Reich Gottes auszurufen. Und nun ist alles zu Ende; die Hoffnungen begraben und das Licht erloschen. Nur das eine bleibt: zurückzugehen und dort wieder anzuknüpfen, wo sie einst begonnen hatten. Aber es ist so vergeblich wie immer: Die Netze bleiben leer wie ihre Herzen.

Doch die Nacht vergeht, und am Morgen steht Jesus am Ufer. Es sind seine Worte (siehe bei »Auf dein Wort«, S. 23), und es ist seine Kraft! Die gleiche Szene und doch ganz neu: Das Netz füllt sich, das Brot sättigt, der Herr, der Lebendige, tritt zu ihnen. Sie dürfen noch einmal anfangen, den Weg noch einmal gehen. Der Tod ist nicht die endgültige Grenze mehr. Jesus steht am Ufer. Er füllt die leeren Netze und die leeren Herzen mit der Fülle des Lebens, mit Hoffnung. Das haben sie nicht erwartet. Das kann sich keiner ausdenken. Und doch ist es so: Wir können noch einmal beginnen; wir dürfen aufstehen und zurückgehen und tun, was er gesagt hat. »Morgenglanz der Ewigkeit, Licht vom unerschöpften Lichte, schick uns diese Morgenzeit deine Strahlen zu Gesichte und vertreib durch deine Macht unsre Nacht« (EKG 349,1).

Sie machten sich auf den Weg

Am Tag nach dem Sabbat gingen zwei von den Jüngern Jesu in ein Dorf, das Emmaus hieß und etwa zwölf Kilometer von Jerusalem entfernt lag. Und sie sprachen miteinander über all das, was geschehen war. Während sie redeten und überlegten, kam Jesus dazu und ging mit ihnen. Doch ihre Augen wurden gehindert, ihn zu erkennen.
Er fragte: »Worüber ereifert ihr euch denn so?«
Sie blieben mit bekümmerten Gesichtern stehen, und der eine, Kleopas mit Namen, sagte: »Du bist wohl der einzige Fremde in Jerusalem, der nichts von dem erfahren hat, was in den letzten Tagen hier geschehen ist?«
Jesus fragte sie: »Was denn?«
Und sie erzählten: »Das von Jesus von Nazaret. Er war ein Prophet in der Macht des Wortes und der Tat vor Gott und dem ganzen Volk. Und dann haben ihn unsre Hohenpriester und Oberen zum Tod verurteilt und ans Kreuz gebracht. Wir aber hatten doch gehofft, er würde Israel befreien. Heute ist schon der dritte Tag, seitdem das geschehen ist. Und einige Frauen aus unsrem Kreis haben uns sehr erschreckt. Sie sind heute am frühen Morgen beim Grab gewesen, haben aber sei-

nen Leichnam nicht gefunden. Sie kamen zu uns und erzählten, ihnen seien Engel erschienen, die hätten gesagt, daß er lebe. Einige von uns sind zum Grab gegangen und haben es genau so gefunden, wie die Frauen erzählt haben; aber ihn haben sie nicht gesehen.«

Da sagte Jesus zu ihnen: »Wie blind ihr doch seid, und wie träg euer Herz ist, daß ihr nicht glauben könnt, was die Propheten längst schon gesagt haben! Mußte der Messias dies nicht alles leiden, um in seine Herrlichkeit zu kommen?«

Und er zählte ihnen all die Worte auf, die in den Schriften auf ihn hindeuteten, bei Mose und bei den Propheten.

So kamen sie zu dem Dorf, in das sie wollten. Es war ihnen, als wolle Jesus allein weitergehen. Da baten sie ihn dringend: »Bleib doch bei uns. Bald ist es Abend, und der Tag geht zu Ende.«

Da ging er mit, um bei ihnen zu bleiben.

Als er mit ihnen zusammen am Tisch saß, war er es, der das Brot nahm, ein Dankgebet sprach, es brach und ihnen gab. Da wurden ihnen die Augen geöffnet, und sie erkannten ihn. Er aber verschwand vor ihnen.

Sie sagten zueinander: »Hörten wir nicht mit brennendem Herzen zu, als er auf dem Weg mit uns redete und uns die Schriften erschloß?«

Noch in der gleichen Stunde machten sie sich auf den Weg nach Jerusalem zurück, wo sie die elf Jünger und all die andern beieinander fanden; die sagten zu ihnen: »Der Herr ist wirklich auferweckt worden und Simon erschienen!«

Da erzählten die beiden, was unterwegs geschehen war und wie sie den Herrn beim Brotbrechen erkannt hatten.

So also geht es zu, wenn Jesus, die lebendige Gegenwart Gottes, unsre traurigen Erfahrungen und Erkenntnisse verwandelt. Unsre Augen sind lange daran gehindert, ihn zu erkennen. Da geht einer mit und hört zu, fragt nach und nimmt Anteil. Da ist einer, der mehr weiß als wir; der die Schriften erschließt und deutet; der uns Zusammenhänge erklärt und Fragen beantwortet. Und da ist einer, der mit uns feiert und dankt, ein Stück Leben mit uns teilt. In solchen Begegnungen und Begleitungen beginnt das Herz heiß zu werden und aus seiner Trägheit zu erwachen. Und die Augen, die blind geworden sind durch das, was wir täglich sehen müssen, werden sehend durch das, »was kein Auge gesehen und kein Ohr gehört hat« (1. Korinther 2, 9): das neue Leben aus Gottes mächtiger Liebe.

Wo geschieht das? Da hört einer mir zu, da nimmt ein andrer Anteil an meinem Leid, dort erschließt eine Predigt mir neue Einsichten, dort stärkt mich ein gemeinsames Essen, ein gutes Wort. Das sind die Zeichen der Gegenwart Gottes, durch »Menschen seines Wohlgefallens« vermittelt.

Und wenn uns die Augen geöffnet sind, können wir selbst aufbrechen und mit fröhlichem und brennendem Herzen die Botschaft vom Leben, das stärker ist als der Tod, verbreiten. Wir dürfen selber Zeichen seiner Nähe sein und Menschen seines Wohlgefallens. Die beiden in Emmaus haben keinen Augenblick gezögert; noch in der gleichen Stunde machten sie sich auf den Weg des Lebens.

Aus dem Alten Testament

Grundlegende Einsichten

Die Erde soll leben

Am Anfang schuf Gott Himmel und Erde. Noch war die Erde wüst und leer, es war finster, und Wasserfluten bedeckten sie ganz. Aber der Atem Gottes bewegte sich über dem Wasser.

Da befahl Gott: »Es werde Licht!« Und es wurde Licht. Gott sah sich das Licht an: so war es gut. Er trennte das Licht von der Finsternis und nannte das Licht Tag, die Finsternis Nacht. Es wurde Abend und wieder Morgen: der erste Tag.

Dann befahl Gott: »Im Wasser soll ein festes Gewölbe entstehen, das die Wassermassen trennt.« So geschah es. Gott machte ein Gewölbe und trennte das Wasser über dem Gewölbe von dem Wasser, das die Erde bedeckte. Das Gewölbe nannte er Himmel. Es wurde Abend und wieder Morgen: der zweite Tag.

Dann befahl Gott: Das Wasser auf der Erde soll sich sammeln, damit das Land sichtbar wird. Und es geschah so. Er nannte das Land Erde, das Wasser nannte er Meer. Gott sah es sich an: so war es gut.

Dann befahl Gott: »Die Erde soll grün werden, alle Arten von Pflanzen und Bäumen sollen darauf wachsen und Samen und Früchte tragen.« Da brachte die Erde alle Arten von Pflanzen hervor bis zu den großen Bäumen. Gott sah sich alles an: so war es gut. Es wurde Abend und wieder Morgen: der dritte Tag.

Dann befahl Gott: »Lichter sollen am Himmelsgewölbe entstehen, die Tag und Nacht voneinander trennen und nach denen man Tage, Jahre und Festzeiten bestimmen kann. Sie sollen am Himmel leuchten und der Erde Licht geben.« Er machte ein großes Licht für den Tag, die Sonne, und ein kleines Licht für die Nacht, den Mond, und dazu auch alle Sterne. Er setzte sie an das Himmelsgewölbe, damit sie der Erde Licht geben, über Tag und Nacht herrschen und Licht und Finsternis trennen. Gott sah sich alles an: so war es gut. Es wurde Abend und wieder Morgen: der vierte Tag.

Dann befahl Gott: »Im Wasser soll sich Leben regen, und in der Luft sollen Vögel fliegen.« Und Gott schuf die großen Walfische, alle Arten von Wassertieren und die Vögel. Er sah sie sich an: so war es gut. Und Gott segnete seine Geschöpfe und sagte: »Vermehrt euch und füllt die Meere, und ihr Vögel, vermehrt euch auf der Erde.« Es wurde Abend und wieder Morgen: der fünfte Tag.

Dann befahl Gott: »Die Erde soll Leben hervorbringen: Vieh, wilde Tiere und alles, was auf dem Boden kriecht.« Und er machte alle Arten von Tieren. Er sah sie sich an: so war es gut.

Und Gott sagte: »Nun wollen wir den Menschen machen, ein Wesen, das uns gleicht. Er soll Macht haben über die Fische im Meer, über die Vögel in der Luft und über alle Tiere auf der Erde.« Und Gott schuf den Menschen nach seinem Bild, er schuf Mann und Frau. Er segnete die Menschen und sagte zu ihnen: »Vermehrt euch! Breitet euch über die Erde aus und nehmt sie in Besitz! Ich setze euch über die Fische, die Vögel und alle anderen Tiere und vertraue sie eurer Fürsorge an.« Und er sagte: »Ihr könnt die Früchte aller Pflanzen und Bäume essen; den Vögeln und den Landtieren gebe ich Gras und Blätter zur Nahrung.« Gott sah noch einmal alles an, was er geschaffen hatte: alles war sehr gut so. Es wurde Abend und wieder Morgen: der sechste Tag.

So entstanden Himmel und Erde mit allem, was lebt. Am siebten Tag hatte Gott sein Schöpfungswerk vollendet und ruhte von seiner Arbeit. Gott segnete den siebten Tag und sprach: »Dieser Tag ist heilig; es ist mein Tag.«

So entstanden Himmel und Erde; Gott hat sie geschaffen.

1855 hatte der Häuptling Seattle vom Stamm der Duwamish im Gebiet Washington eine Rede über den Verkauf seines Landes gehalten und dabei gesagt:
»Die Erde gehört nicht den Menschen – der Mensch gehört der Erde. Der Mensch schuf nicht das Gewebe des Lebens, er ist darin nur eine Faser. Was immer ihr dem Gewebe antut, das tut ihr euch selber an.«
Wir erfahren jeden Tag, wie sehr sich die Menschheit selber bedroht durch die Zerstörung und Vergiftung des Bodens, der Wälder, des Wassers und der Luft. Die Priester in Israel zählen auf, Tag für Tag durch eine ganze Woche hindurch, worüber wir staunen können, wenn wir die Schöpfung betrachten, die ihr Wesen und Leben aus der Freude Gottes bekommt. Zwei ›Tagewerke‹ sind besonders wichtig: Da wird der Mensch in die Verantwortung gerufen: »Nehmt die Erde in euren Besitz, beherrscht die Tiere und sorgt für sie.« Und da wird der Tag der Ruhe ausgerufen, auf dem ein besonderer Segen liegt. In aller Ruhe soll der Mensch über sich und die Welt nachdenken und Gottes Segen als gute Gedanken und Unternehmungen zu einem verantwortlichen Leben einsetzen.
In solcher Ruhe kann man sich überlegen, wie gut die Schöpfung ist: Gott schafft Licht, damit wir nicht im Dunkeln verzweifeln müssen. Er schafft einen festen Grund, auf dem wir stehen können. Er gibt dem Meer, aus dem alles Leben kommt, seinen Ort und schafft die Pflanzenwelt, die Lebensbedingung für Tier und Mensch. Gott schafft die Zeit, in der wir uns zurechtfinden können. Er schafft die Tiere, die unsre Brüder sind. Und Gott schafft Mann und Frau, die Menschen als Partner, als Spiegel seiner Liebe. Und er schafft den Tag der Ruhe und der Freude, an dem das Leben heil ist und ein Fest. 52 solcher Festtage hat jedes Jahr; genug, um diese Welt lieben zu lernen.

So wurde der Mensch

Als Gott, der Herr, die Erde machte und den Himmel, da gab es noch kein Gras und keinen Busch in der Steppe; denn Gott hatte es noch nicht regnen lassen. Niemand war da, der das Land bebauen konnte. Nur aus der Erde stieg Feuchtigkeit auf und tränkte den Boden. Da nahm Gott Erde und formte daraus den Menschen und blies ihm den Lebensatem in die Nase. So wurde der Mensch ein lebendiges Wesen.

Dann legte Gott im Osten, in der Landschaft Eden, einen Garten an. Dorthin brachte er den Menschen. Gott ließ aus der Erde alle Arten von Bäumen wachsen; sie sahen verlockend aus, und ihre Früchte schmeckten gut. In der Mitte des Gartens stand ein Baum, der unvergängliches Leben gibt, und ein anderer, dessen Früchte allwissend machen.

Gott, der Herr, brachte den Menschen also in den Garten Eden und gab ihm den Auftrag, den Garten zu bebauen und zu erhalten. Und er sagte zu ihm: »Von allen Bäumen des Gartens darfst du essen, nur nicht von dem Baum, der allwissend macht. An dem Tag, an dem du davon ißt, mußt du sterben.«

Und Gott sagte: »Es ist nicht gut, wenn der Mensch allein ist. Ich will ihm einen Gefährten geben, der zu ihm paßt.« Gott formte aus Erde die Landtiere und die Vögel. Er brachte sie zu dem Menschen, um zu sehen, wie er sie nennen würde; denn so sollten sie heißen. Der Mensch gab dem Vieh, den wilden Tieren und den Vögeln Namen; doch es fand sich niemand, der zu ihm paßte.

Da ließ Gott, der Herr, einen tiefen Schlaf über den Menschen kommen, nahm ihm eine seiner Rippen heraus und verschloß die Stelle mit Fleisch. Aus der Rippe machte er eine Frau und brachte sie zu dem Menschen. Als der sie erblickte, rief er: »Endlich jemand wie ich! Sie gehört zu mir, denn von mir ist sie genommen!« Darum verläßt ein Mann Vater und Mutter und wird mit seiner Frau leben. Und die beiden werden eins sein, mit Leib und Seele.

Beide aber, der Mann und seine Frau, waren nackt; doch sie schämten sich nicht voreinander.

Das Ziel und die Bestimmung des Menschen ist es, zu lieben. Wozu bin ich da? Was für einen Sinn hat mein Leben? Was kann ich tun? Diese sehr alte Erzählung (sie wird seit dreitausend Jahren erzählt) will auf solche Fragen eine hilfreiche und befriedigende Antwort geben. Sie knüpft an Erfahrungen der Vergänglichkeit an: Der Mensch ist Erde, er zerfällt wieder zu Staub. Ohne den Lebensatem Gottes gibt es kein Menschsein. Daß ich reden und denken, fühlen und wollen kann, verdanke ich seinem Geist. Im Garten Gottes, in seiner Schöpfung, kann der Mensch arbeiten, den Boden bestellen und pflegen, sich davon nähren und zufrieden sein. Gott ist die Mitte des Gartens; vor die Augen gestellt in den Bäumen voller Leben und Weisheit, nahe beim Menschen, als Grund und Grenze seiner Freude.
Und hier kündigt sich schon an, was dann folgen wird: Der Mensch greift nach dieser göttlichen Frucht und wird sie sich einverleiben, wird an die Stelle Gottes treten. Aber noch werden die Geschenke Gottes aufgezählt: die Tiere und die Fähigkeit des Menschen, ihnen Namen zu geben, sie also zu beschreiben und zu beherrschen; die Sprache des Menschen, sein Nachdenken und Beobachten, will Gott gelten lassen in seinem Garten. Aber er will noch mehr: Er läßt den Menschen nicht allein; er schafft ihm ein Gegenüber, das er als seinesgleichen erkennen und deshalb lieben kann. Die Liebe führt die Menschen als Mann und Frau wieder in die Einheit von Leib und Seele zurück, aus der sie kommen. Die Freude an der Entdekkung des Lebensgefährten in der Nähe Gottes braucht keine Verhüllung und keine Scham. So fängt die Liebe an: Sie gehört zu mir, er gehört zu mir. Gott hat uns als Einheit geschaffen im Anschauen und Entdecken der Zweiheit.
Das sind geheimnisvolle Bilder, die wir tief in uns tragen und von denen wir doch weit weg sind. Warum ist unsre Freude aneinander so kurz und so schwach? Vielleicht würde sie wieder stark, wenn Gott in unsrer Nähe wäre.

Daß euch die Augen aufgehen

Die Schlange war klüger als alle Tiere des Feldes, die Gott, der Herr gemacht hatte. Sie fragte die Frau: »Hat Gott wirklich gesagt, ihr dürft keine Früchte von den Bäumen des Gartens essen?«
Die Frau antwortete: »Von den Früchten der Bäume dürfen wir essen; nur nicht die Früchte von dem Baum in der Mitte des Gartens. Gott hat gesagt: Eßt nicht davon, rührt sie nicht an, sonst müßt ihr sterben.«
Die Schlange sagte: »Aber nein; auf keinen Fall werdet ihr sterben. Sondern Gott weiß, daß euch die Augen aufgehen werden, sobald ihr davon eßt. Ihr werdet alles wissen wie Gott selbst, ihr werdet sein wie Gott.«
Und die Frau sah den Baum an: seine Früchte waren verlokkend und eine Lust für die Augen, und klug machen würden sie auch. Da nahm sie von der Frucht und aß und gab auch ihrem Mann davon, und auch er aß. Da gingen ihnen beiden die Augen auf, und sie erkannten, daß sie nackt waren. Sie flochten Feigenblätter zusammen, und jeder machte sich einen Lendenschurz.
Und sie hörten Gott, den Herrn, im kühlen Windhauch durch den Garten gehen. Da versteckten sie sich zwischen den Bäumen, der Mann und die Frau.
Aber Gott rief dem Menschen: »Wo bist du?«
Der Mann antwortete: »Ich hörte dich kommen, da bekam ich Angst und versteckte mich, weil ich nackt bin.«
»Wer hat dir gesagt, daß du nackt bist?« fragte Gott. »Hast du etwa von den Früchten des Baumes gegessen, den ich dir verboten habe?«
Der Mann antwortete: »Die Frau, die du mir gegeben hast, gab mir von der Frucht; da habe ich gegessen.«
Da fragte Gott, der Herr, die Frau: »Warum hast du das getan?«
Die Frau antwortete: »Die Schlange hat mich getäuscht, deshalb habe ich gegessen.«
Da sprach Gott, der Herr, zur Schlange: »Du sollst verflucht sein, weil du das getan hast. Du wirst auf dem Bauch kriechen

und Erde fressen, ausgestoßen aus allen Tieren. Und es soll Feindschaft herrschen zwischen dir und der Frau, zwischen deinen Nachkommen und ihren Nachkommen. Sie werden euch den Kopf zertreten, und ihr werdet sie in die Ferse beißen.«

Zur Frau aber sagte er: »Du sollst viele Beschwerden haben, wenn du schwanger wirst. Unter Schmerzen wirst du deine Kinder zur Welt bringen. Und doch wird es dich zu deinem Mann hinziehen. Aber er wird dein Herr sein.«

Zum Mann sagte er: »Du hast auf deine Frau gehört und mein Verbot übertreten. Deshalb soll dein Acker verflucht sein. Dornen und Disteln werden darauf wachsen. Dein Leben lang wirst du hart arbeiten müssen, um dir Brot zu schaffen; Mühe und Schweiß wird es dich kosten. Und am Ende wirst du wieder zur Erde zurückkehren, von der du genommen bist. Denn Staub der Erde bist du und zu Staub sollst du wieder werden.«

Gott, der Herr, machte für sie beide Kleider aus Fellen und zog sie ihnen an. Dann sagte er: »Nun ist der Mensch wie einer von uns geworden, und alles Wissen steht ihm offen. Nun soll er nicht auch noch die Hand ausstrecken und sich am Baum des Lebens vergreifen. Wenn er davon essen würde, müßte er ewig leben.«

Und Gott, der Herr, vertrieb den Menschen aus dem Garten Eden, damit er den Ackerboden bearbeite, aus dem er gemacht wurde. Er trieb den Menschen hinaus und ließ die Cherubim mit dem flammenden Schwert vor dem Garten aufziehen, um den Weg zum Baum des Lebens zu bewachen.

Gott ist fern. Die Welt stöhnt unter Schmerzen und vergeblichem Tun. Woher kommt das alles? Wer ist daran schuld? Alles Wissen steht dem Menschen offen, und doch ist kein Friede. Die Welt hat keine Mitte mehr, deshalb gibt es keine Gründe und keine Grenzen, die das menschliche Denken und Tun aufhalten könnten.

Auch dieser Abschnitt der Erzählung gibt Erfahrungen des Menschen wieder. Wo Gott nicht mehr die Mitte des Lebens ist, da gerät alles durcheinander. »Hat Gott das wirklich ge-

sagt?« So fängt es an, das Spiel zwischen dem eigenen Schöpfersein und dem Schöpfergott. Der Mensch tritt selbst an die Stelle Gottes, in die Mitte. Das tut der Mensch immer wieder, unbegreiflicherweise. Keiner kann sich da heraushalten. Die Liebe, das Ziel der Schöpfung, kehrt sich um in Haß und Neid und Schuldzuweisung gegenüber dem »Gefährten«. Wir verstecken uns hinter den Bäumen unsrer Argumente und Ängste. Die Schlange hat recht: Dem Menschen sind die Augen aufgegangen. Und alles soll im Nichts, im Staub zu Ende gehen? Nein, so endet diese Erzählung nicht. Da gibt es noch eine Spur in der Dunkelheit: Wir wissen jetzt, woher wir kommen und wohin wir gehen. Und dieses Wissen läßt uns nicht mehr los. Die Liebe Gottes ist durch uns nicht auszulöschen. Nikolaus Herman sagt in einem Geburtstagslied für Jesus von Gott: »Heut schleußt er wieder auf die Tür zum schönen Paradeis; der Cherub steht nicht mehr dafür. Gott sei Lob, Ehr und Preis« (EKG 21, 6).
Jesus weiß einen Weg, er ist selbst dieser Weg zum Baum des Lebens. Durch ihn kann der »Staub«, der wir sind, neu belebt werden vom Lebens- und Liebeshauch Gottes. Der Lebensbaum hat seine Wurzeln mitten in unsrer Welt. Es besteht begründete Hoffnung für die ganze Erde.

Der Herr machte ein Zeichen

Adam schlief mit seiner Frau Eva, und sie wurde schwanger. Sie brachte einen Sohn zur Welt, den sie Kain nannte; denn sie sagte: »Mit Hilfe des Herrn habe ich einen Sohn geboren.« Später gebar sie einen zweiten Sohn, den sie Abel nannte. Abel wurde ein Hirte, Kain ein Bauer.
Nach einiger Zeit geschah es, daß Kain dem Herrn ein Opfer darbrachte von den Früchten des Ackers. Und auch Abel opferte eines seiner neugeborenen Lämmer und brachte die besten Stücke vor Gott. Der Herr schaute das Opfer Abels freundlich an; aber Kain und sein Opfer sah er nicht an.
Da wurde Kain sehr zornig, und sein Gesicht verfinsterte sich. Der Herr sagte zu Kain: »Warum wirst du zornig? Warum

Die Erde ist für alle bewohnbar, und das Leben ist lebenswert, wenn der Mensch mit der Schöpfung sorgsam umgeht. Das ist eine gewaltige Aufgabe: Die Kräfte und Schätze der Natur werden gebändigt, freigesetzt, verwandelt. Aber der Mensch muß ähnliche Anstrengungen machen, um die Kräfte und Schätze in seinem eigenen Innern zu bändigen und zu verwandeln. Die sogenannten »Urgeschichten« der Bibel kreisen um die Fragen, die damit gestellt sind. Und ihre Botschaft lautet: Gottes Segen hört nicht auf. Es gibt immer wieder einen Anfang. Und das gilt gegen alle Erfahrungen von Bosheit und Gewalt. Das Licht bleibt.

siehst du so finster drein? Wenn du Gutes im Sinn hast, kannst du frei den Blick erheben. Denkst du aber Böses, lauert die Sünde vor der Tür. Sie verlangt nach dir. Du aber mußt Herr über sie sein!«
Kain sagte zu seinem Bruder Abel: »Komm, wir wollen aufs Feld gehen.«
Als sie auf dem Feld waren, stürzte sich Kain auf seinen Bruder Abel und schlug ihn tot.
Da fragte ihn der Herr: »Wo ist dein Bruder Abel?«
Er antwortete: »Ich weiß es nicht; bin ich denn der Hüter meines Bruders?«
Er aber sagte: »Was hast du getan? Das Blut deines Bruders schreit zu mir aus dem Ackerboden. Von jetzt an bist du vom Acker weg verflucht, weil er mit dem Blut deines Bruders getränkt ist. Wenn du den Acker bebauen willst, wird er dir den Ertrag verweigern. Ziellos und ohne Heimat sollst du sein auf der Erde.«
Kain sagte zu dem Herrn: »Meine Schuld ist zu groß; ich kann sie nicht tragen. Du vertreibst mich heute vom Acker und aus deiner Nähe. Ziellos und ohne Heimat werde ich sein auf der Erde. Wer mich findet, wird mich ungestraft erschlagen.«
Der Herr antwortete: »Nein! Wenn einer Kain erschlägt, werden sieben dafür sterben müssen.«
Und der Herr machte an Kain ein Zeichen, damit keiner ihn, wenn er ihn finden würde, erschlage.
Dann mußte Kain aus der Nähe Gottes weggehen. Und er wohnte im Land Nod, östlich von Eden.

Der Mensch kennt keine Grenze mehr an; nachdem er allein bestimmt, was gut und was böse ist, dreht sich alles nur noch um ihn selbst. Er hat keinen Bruder mehr, für den er Verantwortung tragen müßte. Aus der Nähe Gottes vertrieben sein, das bedeutet: in ständiger Angst um das eigene Leben herumlaufen.
In dieser dunklen Geschichte sehen wir in einen bodenlosen Abgrund, aus dem Haß aufsteigt und Wut und Herzlosigkeit. Vielleicht denkt mancher: das ist übertrieben; so bin ich nicht. Wenn wir auch unsern Bruder nicht mit eigener Hand erschla-

gen haben, so haben wir ihn doch mit eigenen Gedanken und Fantasien schon weggewünscht.
Und doch endet diese dunkle Geschichte vom Schuldigwerden aneinander mit einem geheimnisvollen Hoffnungsschimmer. Auch in der Ferne und Abwesenheit Gottes bleibt ein göttliches Schutz- und Erinnerungszeichen tief in den Menschen eingegraben. Wo die Menschen einander weh tun, tun sie Gott weh. Wo der Mensch sich ganz von Gott losgesagt hat, ist Gott noch immer da und läßt den Menschen nicht los. Der Mensch wird nicht vergessen können, woher er kommt. Die Nähe Gottes hat sich so tief in ihm verankert, daß eine Sehnsucht nach dem Ursprung bleibt und wirkt und selbst noch in der Gottesferne das Denken und Handeln des Menschen mitbestimmt. Gott überläßt seine Menschengeschöpfe nicht dem Tod, den sie sich selbst zufügen. Mit diesem Brandzeichen der Liebe Gottes sind wir auf dem Weg, auch auf dem Weg in die Abgründe unsres Lebens und der Welt. Das wenigstens kann jeder wissen und behalten.

Solange die Erde steht

Noah war ein frommer und gerechter Mann zu seiner Zeit. Er führte sein Leben mit Gott. Er hatte drei Söhne: Sem, Ham und Jafet. Aber die Erde war verdorben in den Augen Gottes, voll tödlicher Gewalt. Wohin Gott schaute, überall war nur Unrecht und Betrug.
Da sagte Gott zu Noah: »Ich habe das Ende allen Lebens beschlossen, denn die Erde ist voll von der Gewalt der Menschen. Ich will sie alle vernichten, die ganze Erde. Bau dir ein Schiff aus Holz und dichte es außen und innen mit Pech ab. Mach es 150 Meter lang, 25 Meter breit und 15 Meter hoch. Dann bau ein Dach darüber und Zwischendecken, daß drei Stockwerke entstehen. Und an der Seite bring eine Tür an. Denn ich will eine Flut über die Erde kommen lassen, in der wird alles Leben untergehen: weder Mensch noch Tier wird am Leben bleiben. Mit dir aber schließe ich meinen Bund. Geh in die Arche mit deiner Frau, deinen Söhnen und Schwiegertöch-

tern. Nimm von allen Tieren ein Männchen und ein Weibchen mit, damit sie mit dir zusammen am Leben bleiben. Von jeder Tierart sollst du ein Paar in die Arche bringen, große und kleine Landtiere und Vögel. Sie sollen am Leben bleiben. Und nimm für jedes Tier Futter mit und genug zu essen für dich und deine Familie.«

Noah tat alles, was Gott ihm befohlen hatte. Und als die Quellen der großen Urflut aufbrachen, ging er mit seiner Familie und mit all den Tieren in die Arche, wie Gott es befohlen hatte. Und der Herr schloß die Tür hinter ihm zu. 40 Tage lang ergoß sich die Flut über die Erde. Die Wasser schwollen an und hoben das Schiff empor. Auch die hohen Berge waren bedeckt, und das Wasser stand 5 Meter hoch über den höchsten Gipfeln. Alles, was auf der Erde gelebt hatte, ging unter, die Landtiere, die Vögel und auch die Menschen. Und die Flut stieg auf der Erde unaufhaltsam an, 150 Tage lang. Da gedachte Gott an Noah und all die Tiere, die bei ihm in der Arche waren. Er ließ einen Wind über die Erde wehen, und die Wasser sanken. Die Quellen der Tiefe versiegten, und es hörte auf zu regnen. Nach 150 Tagen ging das Wasser wieder zurück.

Nach 40 Tagen öffnete Noah das Fenster und ließ einen Raben hinaus. Der flog so lange hin und her, bis sich das Wasser verlaufen hatte. Noah ließ auch eine Taube fliegen, um zu erfahren, ob das Wasser versickert sei. Sie fand keine Stelle, wo sie sich niederlassen konnte; denn die Erde war noch vom Wasser bedeckt. Sie kehrte wieder zur Arche zurück. Noah streckte die Hand aus und holte sie wieder herein. Er wartete noch sieben Tage, dann ließ er wieder eine Taube hinaus. Diesmal kam sie gegen Abend zurück und trug ein Ölblatt im Schnabel. Da merkte Noah, daß sich die Wasser verlaufen hatten. Er wartete noch einmal sieben Tage; dann ließ er wieder eine Taube ausfliegen. Sie kam nicht mehr zurück.

Da sagte Gott zu Noah: »Geh aus der Arche, du und deine Frau, deine Söhne und Schwiegertöchter. Laß auch alle Tiere hinaus, die in der Arche sind, die großen und kleinen Landtiere und die Vögel. Sie sollen sich vermehren und die Erde füllen.«

Da ging Noah mit seiner Familie aus der Arche samt allen Tieren.

Noah baute dem Herrn einen Altar und brachte von den reinen Tieren und Vögeln je eines als Brandopfer dar. Der Herr freute sich über den Duft des Opfers und sprach in seinem Herzen: Nie mehr will ich die Erde verfluchen wegen der Bosheit der Menschen. Denn das Denken und Tun der Menschen ist böse von Jugend an. Solange die Erde steht, soll nicht aufhören Saat und Ernte, Frost und Hitze, Sommer und Winter, Tag und Nacht.

Die Selbstverständlichkeit, mit der wir damit rechnen, daß morgens die Sonne aufgeht, daß die Jahre wechseln, die Erde ihren Reichtum anbietet und wir davon leben, ist heutzutage schwer erschüttert. Gewalttat zwischen den Menschen und Zerstörung der eigenen Lebensgrundlage aus Dummheit und aus Bosheit ist uns allgegenwärtig. Deshalb können wir sehr gut nachempfinden, daß der Erzähler dieser Geschichte die Erhaltung der Schöpfung und des Lebens als ein großes Wunder ansieht, das seine Garantie einzig und allein im Herzen Gottes hat. So unbegreiflich es ist, daß Gott seine eigene Schöpfung vernichten wollte, so unbegreiflich ist es, daß der Mensch die Schöpfung vernichtet. Wir wissen nicht, ob wir die Erde unwiederbringlich zerstören werden. Eines wissen wir seit dieser Geschichte: Das ist nicht Gottes Wille. Solange die Erde steht, will und wird er sie erhalten. Die Voraussetzungen des Lebens werden uns angeboten und garantiert als Ausdruck der unbegreiflichen Liebe Gottes. Wir dürfen mit ihr rechnen, obwohl sie keinen Grund in unsrer Zuverlässigkeit oder Liebenswürdigkeit hat: die Menschen sind auf Macht aus, von klein an.

Worauf können wir dann noch hoffen? Das Wunder der Liebe Gottes, der Erhaltung seiner Schöpfung wird sichtbar im Gehorsam des Noah. Noah ist der Mensch, der sein Leben mit Gott führt, der also überlegt, was der Liebe Gottes entspricht: die Liebe des Menschen zur Schöpfung und zum Nächsten, ob Mensch oder Tier. Dieser Zusammenhang der Liebe ist die Rettungsspur gegen die Gewalt. Ihr zu folgen und zu tun, was ihr entspricht, hat auch jetzt und angesichts der Selbstzerstörung des Menschen Aussicht auf Erfolg, eben weil die Kraft dazu »im Herzen Gottes« entspringt und jeden erfüllen will, der diese Geschichte ernst nimmt.

Das ist mein Bund mit euch

Gott segnete Noah und seine Söhne und sagte zu ihnen: »Vermehrt euch und bewohnt die Erde. Alle Tiere werden sich vor euch fürchten müssen, alle Landtiere und Vögel. Ich gebe sie in eure Hand. Ihr dürft auch Fleisch essen, so wie ich euch die Pflanzen zur Nahrung gab. Eßt aber kein Fleisch, in dem noch Blut ist; denn im Blut ist das Leben. Auch euer eigenes Blut darf nicht vergossen werden. Ich wache darüber und fordere Leben gegen Leben von Tier und Mensch. Wer einen Menschen tötet, der soll durch Menschenhand getötet werden; denn Gott hat den Menschen zu seinem Bild gemacht. Vermehrt euch und bewohnt die Erde.«
Und Gott sagte zu Noah und seinen Söhnen: »Ich schließe einen Bund mit euch und euren Nachkommen und mit allen Tieren, die mit euch im Schiff waren und jetzt auf der Erde leben. Das ist mein Bund mit euch: Ich will das Leben nie mehr vernichten. Die Flut soll die Erde nie mehr verderben. Als Zeichen dafür setze ich meinen Bogen in die Wolken. Wenn ich ihn ansehe, will ich an meinen ewigen Bund denken, den ich mit euch und allen lebenden Wesen geschlossen habe.«
Gott sagte zu Noah: »Dieser Bogen ist das Zeichen für den Bund, den ich mit allen lebenden Wesen geschlossen habe.«

Die Gewalt unter den Menschen, Unterdrückung und Blutvergießen, führen immer wieder an den Rand von Katastrophen. Das alles ist nicht nach dem Schöpfungswillen Gottes; an dem allem hat Gott keine Freude. Und doch löscht er die dunkel gewordene Schöpfung nicht aus, so wie ein Heerführer den drohenden Feind auslöscht. Nein, er schließt einen Bund mit diesem Menschen und mit allem, was lebt. Er bietet so etwas wie eine Notverordnung an: Wenn ihr schon töten müßt, um zu leben, dann denkt immer daran, daß jedes Leben von Gott ist, daß ihr schuldig werdet. Aber ihr sollt trotzdem am Leben bleiben, weil sich mein Schöpfersein in euch spiegelt. Ich, der Schöpfer, will mein Versprechen halten und das Leben auf der Erde bewahren und schützen. Daran will ich denken im Zeichen des Regenbogens. Der Regenbogen ist auch für die Menschen ein Anlaß zum Nachdenken: Wir haben Gottes Auftrag, die Erde zu bewahren und zu bewohnen, nach wie vor. Aber wir können diesen Auftrag nicht erfüllen, ohne schuldig zu werden. Wir bleiben abhängig von dem Bund, den Gott geschlossen hat: Ich will, daß ihr am Leben bleibt. Die Menschen können den Frieden nicht aus eigener Kraft herstellen. Aber sie dürfen daran mitarbeiten. Die Geschichte sagt: Leben im Bündnis mit Gottes Liebe ist möglich, ist angeboten, ist die einzige Rettung vor der Katastrophe der Selbstzerstörung.

Verwirrt und zerstreut

Die Menschen hatten alle eine einzige, gemeinsame Sprache. Als sie im Osten aufbrachen, kamen sie in das Land Schinar und ließen sich dort in der Ebene nieder. Sie sagten zueinander: »Auf, laßt uns Ziegelsteine formen und brennen.« Die Ziegel sollten als Bausteine dienen und Erdharz als Mörtel. Sie sagten: »Ans Werk! Wir wollen eine Stadt bauen mit einem Turm, der bis an den Himmel reicht! Wir wollen uns einen Namen machen, dann werden wir nicht über die ganze Welt zerstreut werden.«

Der Herr kam vom Himmel herab, um die Stadt und den Turm anzusehen, die sich die Menschen da bauten. Und er sagte: »Sie sind ein einziges Volk und sprechen eine gemeinsame Sprache. Und das ist erst der Anfang. Es wird ihnen nichts mehr unmöglich sein, was sie sich auch vornehmen. Ans Werk! Wir wollen hinabsteigen und ihre Sprache verwirren, damit keiner mehr den andern versteht.«

So zerstreute sie der Herr über die ganze Welt, und sie mußten aufhören, ihre Stadt zu bauen. Darum wird diese Stadt Babel genannt, denn dort hatte der Herr die Sprache der Menschen verwirrt und von dort aus hat er sie über die ganze Welt zerstreut.

Während die andern grundlegenden Einsichten in das Getriebe der Welt trotz aller Dunkelheit immer wieder das helle Licht der Hoffnung aufzeigten, endet die Erzählung vom Bau des riesigen Ziegelturms in Babylonien mit der Feststellung: keiner versteht den andern. Die Völker sind verwirrt. Es gelingt nichts Gemeinsames mehr. Diese Feststellung kann durchaus bestätigt werden; ein Blick in die Zeitung heute reicht dazu aus: So ist die Welt!
Die großartigen Errungenschaften der Zivilisation, angefangen bei den riesigen Tempeltürmen in Babylon bis zu den riesigen Kühltürmen bei uns lassen keine Begeisterung aufkommen. Das Staunen über solch himmelstürmende Bauten ist mit Angst durchsetzt: Wie wird das enden?
Ist unsre Erzählung nicht wie ein letztes, großes Fragezeichen hinter all den Einsichten und Erfahrungen mit Gott und den Menschen? Haben Chaos und Verwirrung nicht doch das letzte Wort? Muß Gott immer wieder herabsteigen, um den Menschen vor der Selbstzerstörung zu bewahren? Unsre Erzählung fordert dazu heraus, weiterzulesen im Buch der Geschichte Gottes mit seiner Welt. Gott will die Menschen nicht in der Verwirrung zugrunde gehen lassen. Er vergißt sein Versprechen nicht.

Auf neuen Wegen

Sie brachen auf

Der Herr sagte zu Abraham: »Verlaß deine Heimat, deine Verwandtschaft und das Haus deines Vaters und zieh in ein Land, das ich dir zeigen werde. Ich will dich zum Vater eines großen Volkes machen und dich segnen. Dein Name soll bei allen Völkern geachtet sein. Ein Segen sollst du sein. Wer dir Gutes erweist, den will ich segnen; wer dir Böses antut, sei verflucht. Durch dich sollen alle Völker der Erde gesegnet werden.«

Abraham gehorchte dem Befehl des Herrn und machte sich auf den Weg. Er war 75 Jahre alt, als er aus seiner Heimatstadt Haran wegzog. Und er nahm seine Frau Sara mit und Lot, den Sohn seines Bruders, und all seinen Besitz, den er in Haran erworben hatte; auch alle Leute, die zu seinem Haus gehörten. So brachen sie auf, um in das Land Kanaan zu ziehen. Als sie dort ankamen, durchzogen sie das ganze Land bis an die Stelle bei Sichem, wo ein heiliger Baum stand. Das Land war damals von den Kanaanitern bewohnt. Da erschien der Herr dem Abraham und sagte zu ihm: »Dieses Land will ich deinen Nachkommen geben.«

Da baute Abraham dem Herrn einen Altar an der Stelle, wo er ihm erschienen war. Von dort aus zog er in das Bergland östlich von Bet-El. Seine Zelte standen zwischen Bet-El im Westen und Ai im Osten. Auch dort baute er dem Herrn einen Altar und betete zum Herrn. Dann zog Abraham weiter und immer weiter dem Südland zu.

Dieser göttliche Anruf ist eine ungeheuerliche Zumutung; er reißt den alten Mann aus allen Verankerungen seines Lebens. Das Ziel dieser abenteuerlichen Reise ist ein unbekanntes Land, das ihm Gott zeigen will. Zugleich aber macht Gott eine ebenso ungeheuerliche Zusage: Durch Abraham soll die ganze Welt gesegnet werden, durch ihn soll sie die Zuwendung und Liebe Gottes erfahren. Wie ein großartiges Wetterleuchten steht über dem Mann, der da mit seiner Familie in die Fremde zieht, Gottes: Ich will! Abraham hat nichts in der Hand; das Land, in das er kommt, ist längst bewohnt. Er zieht herum, richtet sein Lager auf, wandert weiter. Aber sein Herz ist wie ein Kompaß auf den Gottespol ausgerichtet. Er betet, baut Altäre und übt sich im Hören auf die Stimme gegen alle Stimmen in ihm und um ihn. Dieser Mann ist dem Erzähler zum Vorbild, zum Urbild für Gottvertrauen geworden. So sieht Glauben aus: abgesicherte Positionen loslassen, sich auf den Anruf Gottes einlassen und ihm die Sorge um die Zukunft überlassen. Aus solchem Leben wird ein Segen für andere. Der Glaubende sieht noch nichts davon. Er wird ins Fragen, ins Zweifeln und Verzweifeln kommen. Aber die Stimme Gottes, sein »Ich will«, wird nicht verstummen. Gottes Segen, seine Güte und Liebe, wird offenkundig und wirksam durch Menschen, die ihm vertrauen. Abraham deckt auf, was die Würde des Menschen ausmacht: Er kann das Angebot Gottes hören und annehmen.

Sie trennten sich

Abraham war sehr reich. Er besaß große Viehherden, Silber und Gold. Er zog vom Südland herauf nach Bet-El, von Lagerplatz zu Lagerplatz, bis er an die Stelle zwischen Bet-El und Ai kam, wo er zuerst seine Zelte aufgeschlagen und dem Herrn einen Altar gebaut hatte. Dort betete er zum Herrn. Auch Lot, der mit ihm zog, hatte viele Schafe und Ziegen, Rinder und Zelte. Das Weideland reichte nicht aus für ihre großen Herden; sie konnten nicht beieinander bleiben. Immer gab es Streit zwischen den Hirten Abrahams und den Hirten

Lots. Und in dem Land wohnten damals noch die Kanaaniter und die Perisiter.
Da sagte Abraham zu Lot: »Es soll kein Streit zwischen uns sein und auch nicht zwischen unsern Hirten. Wir sind doch Brüder. Steht dir nicht das ganze Land offen? Trenn dich von mir! Willst du nach links, geh ich nach rechts, willst du nach rechts, geh ich nach links!«
Lot schaute sich um und sah, daß die ganze Jordanebene wasserreich und grün war bis nach Zoar. Bevor der Herr Sodom und Gomorra zerstörte, war es dort wie im Paradies oder wie im Niltal. Da wählte sich Lot die ganze Jordangegend und zog nach Osten. So trennten sich die beiden. Abraham wohnte von jetzt an im Land Kanaan und Lot bei den Städten am unteren Jordan. Lot zog mit seinen Zelten bis nach Sodom. Die Bewohner von Sodom führten aber ein schändliches Leben, das dem Herrn mißfiel.
Nachdem sich die beiden getrennt hatten, sagte der Herr zu Abraham: »Sieh dich nach allen Seiten um! Das ganze Land, das du siehst, will ich für alle Zeit dir und deinen Nachkommen geben. Ich will deine Nachkommen so zahlreich machen, daß niemand sie zählen kann, wie den Staub auf der Erde, den kann auch niemand zählen. Mach dich auf und durchzieh das Land in seiner Länge und Breite; denn es soll dir gehören.«
Abraham zog mit seinem Zelt weiter und ließ sich in Hebron nieder, bei den Eichen von Mamre. Dort baute er dem Herrn einen Altar.

Immer noch ist Abraham unterwegs, zieht durchs Land, Schritt für Schritt, fast wie ein Blinder. Da gibt es Streit um die Weideplätze. Und Abraham weiß nicht, wohin Gott ihn bringen will. Deshalb überläßt er es Lot, sich das Stück Land selbst zu suchen, das ihm zusagt.
Lot entscheidet und verläßt Abraham. Ein überraschendes Modell zur Lösung des Konflikts: Der Ältere gibt seine Führungsrolle ab und läßt dem Jüngeren den Vortritt. Das ist die konsequente Fortsetzung einer Entscheidung, die schon in Haran gefallen war, als Abraham seine Führungsrolle an die Stimme abgab, die ihn aus allen bisherigen Sicherungen herausrief. Er

hat losgelassen und kann jetzt loslassen. Dieser neue Weg macht ihn frei von seinen Vorrechten. Und der Augenblick des Freigebens schafft nicht nur Frieden zwischen ihm und Lot, sondern öffnet ihm selbst die Augen: Sieh dich um, das ist dein Land! Sein Glaube hat eine viel tiefere Trennung sichtbar gemacht: Lot sieht das fruchtbare Land. Er sieht, was vor Augen ist. Er entscheidet aufgrund seiner Erfahrung. Abraham vertraut der Stimme, die ihm ein Land versprochen hat, das er nicht sieht. Er glaubt diesem Versprechen. Darum kann er warten, kann verzichten, kann freigeben. Und als er dies tut, werden ihm die Augen geöffnet. Lange war er durch dieses Land gezogen. Jetzt sieht er es neu, jetzt ist es ein neues Land, das Land der Verheißung, geschenktes Land, Raum zum Danken. Raum zum Danken – das ist ein erstes Geschenk des göttlichen Segens, das uns durch Abraham angeboten wird.

Schau zum Himmel

Nach diesen Begebenheiten erschien der Herr dem Abraham und sagte zu ihm: »Fürchte dich nicht, Abraham! Ich behüte dich und will dich reich belohnen.«
Abraham antwortete: »Herr, mein Gott, womit willst du mich denn belohnen? Ich habe keine Kinder, und Eliëser, mein Knecht, wird mein Erbe sein.«
Da sagte der Herr zu ihm: »Nein, der wird nicht dein Erbe sein. Du wirst einen Sohn bekommen; der soll dein Erbe sein.«
Und er führte Abraham aus dem Zelt und sagte: »Schau zum Himmel hinauf und zähl die Sterne! Kannst du sie zählen? So zahlreich sollen deine Nachkommen sein.«
Abraham glaubte dem Herrn, und das war gut so in den Augen Gottes.

Abraham schaut zurück und schaut nach vorne: Er hat keine Kinder. Alles, was ihm gehört, werden andere erben. Mit dem göttlichen Reichtum wird das nicht anders sein. Abraham sieht auf sein Leben und zweifelt, ob es gut ist, sich auf Gottes Angebot einzulassen. Sehr verständlich ist das und sehr menschlich. Wie wird Gott auf seinen Zweifel antworten? Gott nimmt den Zweifel ernst und geht auf ihn ein, aber so, daß er ihm den Grund entzieht. Wenn ich mit dir, Abraham, einen Bund schließe, dann will ich auch dafür sorgen, daß er gültig bleibt. Du wirst einen Sohn haben, einen Erben, dem du mein Geschenk weitergeben kannst.

Und Gott läßt es nicht bei dieser Zusage. Er nimmt Abraham an der Hand und führt ihn vor das Zelt, ins Freie: Schau hinauf zum Himmel! Kannst du die Sterne zählen? Jetzt schaut Abraham nach oben. Sein Zweifel wird aufgehoben und aus der Verankerung in der eigenen Erfahrung herausgelöst. Gott, der Schöpfer, wird dir Kinder, Nachkommen, Erben schaffen, mehr, als du zählen kannst.

Hier bricht die Geschichte ab; am Höhepunkt der Spannung! Kein Wort Abrahams mehr. Nur die Feststellung: Er glaubt, und Gott sagt: Das ist die richtige Einstellung, das ist recht und gut so.

Abraham ist gerecht, weil er Gott vertraut. Jeder ist ein Erbe und Nachkomme Abrahams, der an der Hand Gottes ins Freie tritt und seiner Verheißung traut: Fürchte dich nicht! Ich behüte dich und will dich reich belohnen.

Tu, was du gesagt hast

Abraham wohnte bei den Eichen von Mamre. Da erschien ihm der Herr, als er gerade um die Mittagszeit am Eingang seines Zeltes saß. Als Abraham aufschaute, sah er drei Männer vor sich stehen. Sofort lief er ihnen entgegen, verneigte sich bis zur Erde und sagte: »Herr, wenn ihr mir eine Gunst erweisen wollt, dann geht nicht an eurem Knecht vorüber. Ich will euch ein wenig Wasser bringen lassen, damit ihr eure Füße waschen könnt; macht es euch bequem unter den Bäumen. Ich will euch ein Stück Brot bringen, damit ihr euch stärken könnt, ehe ihr weiterzieht. Ihr seid doch sicher deshalb hergekommen?«

Sie sagten: »Tu, was du gesagt hast!«

Da lief Abraham ins Zelt und sagte zu Sara: »Hol schnell drei Maß vom feinsten Mehl und backe einen Kuchen.«
Dann lief er zu den Rindern und suchte ein zartes, gesundes Kalb aus. Er gab es dem Knecht, damit er es zubereite. Er holte noch Sahne und Milch und trug alles hinaus. Er selbst bediente die Männer unter den Bäumen, und sie ließen sich's schmekken.
Danach fragten sie: »Wo ist deine Frau Sara?«
Er antwortete: »Drinnen im Zelt.«
Da sagte der Herr: »Übers Jahr will ich wieder zu dir kommen, dann wird deine Frau einen Sohn haben.«
Sara stand hinter Abraham am Zelteingang und hörte das. Abraham und Sara waren schon alt, und sie konnten keine Kinder mehr bekommen. Darum lachte sie in sich hinein und dachte: »Die Zeit der Liebeswonne ist doch längst vorbei. Ich bin verblüht, und auch mein Mann ist alt.«
Da sagte der Herr zu Abraham: »Warum lacht Sara und zweifelt daran, daß sie noch ein Kind bekommen wird? Sollte dem Herrn etwas unmöglich sein? Nächstes Jahr komme ich wieder, dann hat Sara einen Sohn.«
Da erschrak Sara und sagte: »Ich habe nicht gelacht!«
Aber der Herr sagte: »Doch, du hast gelacht.«
Dann brachen die Männer auf in Richtung Sodom, und Abraham begleitete sie ein Stück.
Und der Herr tat an Sara, was er versprochen hatte. Sie wurde schwanger und gebar Abraham in seinem Alter noch einen Sohn. Das geschah um die Zeit, die Gott ihm genannt hatte.
Abraham nannte den Sohn, den Sara ihm geboren hatte, Isaak.
Als Isaak acht Tage alt war, beschnitt er ihn, wie Gott es geboten hatte. Hundert Jahre alt war Abraham, als ihm sein Sohn Isaak geboren wurde.
Und Sara sagte: »Gott hat dafür gesorgt, daß ich lachen kann. Wer davon hört, wird mit mir lachen. Noch nie konnte einer dem Abraham melden, daß Sara ein Kind stillt. Doch jetzt in seinem Alter habe ich ihm einen Sohn geboren.«
Isaak wuchs heran und wurde von der Mutterbrust entwöhnt.
Das feierte Abraham mit einem großen Fest.

Es hängt ja alles daran, daß der Tod nicht das letzte Wort hat. Damals hing alles noch viel mehr an einem Erben: Kinder sind die Zeichen des Lebens, sichtbarer Segen. Wie kann Gottes Segen anders wirklich werden? Und nun sind ganz andere Dinge sichtbar und wirklich: Ende der Kraft, Verlust der Zeugungs- und Empfängnisfähigkeit, das »Aus« der Liebe. Wie soll da Gott recht behalten mit seinen Versprechungen vom Segen für die ganze Welt, vom Land der Fülle und des Lebens?
Die Zumutung dieser Verheißung wird von Sara mit wissendem Lächeln und von Abraham mit wissendem Schweigen beantwortet. Das Wissen um unsre Grenzen und Kräfte schafft keinen Glauben. Dazu bedarf es einer anderen Kraft und Wirklichkeit. Dazu muß der Himmel aufgehen und Gott selber zu uns Menschen kommen. Nur der Schöpfer des Lebens kann in uns den Glauben an das Leben schaffen und erhalten.
Wie können wir ihm begegnen? Abraham praktiziert Gastfreundschaft, Nächstenliebe im Kleinen. Das kann er; dazu hat jeder Mensch die Kraft und die Fähigkeit. Und nun geht ihm bei diesem Tun ein Licht auf: Gott kommt in der Bedürftigkeit des Nächsten und fängt zu sprechen an, wo wir ihn zu uns bitten. Das Kleine, das Mögliche der Liebe wird zum Anlaß für das Große, Unmögliche, für die Verwandlung des Todes in Leben. Noch ist das wissende Schweigen und Lächeln nicht besiegt; aber in den Herzen Abrahams und Saras hat die Hoffnung Wurzel geschlagen, ist die Freude eingekehrt. Das Wort des Lebens wird kein Tod zum Schweigen bringen.

Ich habe es gewagt

Der Herr sagte zu sich selbst: Darf ich vor Abraham verbergen, was ich mit Sodom vorhabe? Er soll doch ein großes und starkes Volk werden und durch ihn soll der Segen zu allen Völkern der Erde kommen. Ich habe ihn ausgewählt, damit er seinen Söhnen und Nachkommen einprägt, meine Gebote zu beachten und zu befolgen und so zu leben, wie es recht und gut ist, und ich an ihm tun kann, was ich versprochen habe. Darum

sagte der Herr: »Gegen Sodom und Gomorra wird schwere Anklage erhoben. Ihre Sünde ist sehr schwer. Deshalb will ich jetzt herabkommen und sehen, ob die Klagen berechtigt sind oder nicht. Ich muß es genau wissen.«
Und die Männer gingen auf Sodom zu. Abraham aber trat ganz nahe zum Herrn und sagte: »Willst du wirklich die Gerechten samt den Gottlosen umbringen? Vielleicht sind fünfzig Gerechte in der Stadt. Willst du sie alle töten? Möchtest du nicht lieber die Stadt verschonen, weil fünfzig Gerechte dort wohnen? Du kannst doch nicht Gerechte und Gottlose miteinander töten! Dann wären ja die Gerechten den Gottlosen gleichgesetzt. Das kannst du aber nicht wollen! Muß nicht der Richter der ganzen Welt recht richten?«
Der Herr sagte: »Wenn ich in Sodom fünfzig Gerechte finde, will ich ihretwegen die ganze Stadt verschonen.«
Abraham redete weiter: »Ich habe es gewagt, mit dir zu reden, obwohl ich nur Staub und Asche bin. Aber vielleicht sind es fünf Gerechte weniger in der Stadt. Willst du wegen der fehlenden fünf die ganze Stadt vernichten?«
Der Herr antwortete: »Nein, ich will sie verschonen, wenn ich dort fünfundvierzig finde.«
Abraham aber fuhr fort: »Vielleicht finden sich dort nur vierzig?«
Und der Herr antwortete: »Dann will ich der Stadt nichts tun wegen der vierzig.«
Und Abraham sagte: »Bitte, Herr, werde nicht zornig, wenn ich weiterrede. Vielleicht sind es nur dreißig.«
Und der Herr sagte: »Dann tu ich's nicht wegen der dreißig.«
Und Abraham redete weiter: »Herr, ich habe es gewagt, mit dir zu verhandeln. Vielleicht finden sich nur zwanzig Gerechte in der Stadt.«
Er antwortete: »Dann will ich sie wegen dieser zwanzig nicht vernichten.«
Und Abraham wieder: »Laß mich nur noch einmal reden, Herr, und sei nicht zornig: Vielleicht finden sich nur zehn.«
Der Herr antwortete: »Ich will sie verschonen wegen der zehn.«

Ein Weg ist nicht erkennbar; Hügel reiht sich an Hügel. Aber ein zartes, verlockendes Licht liegt wie ein Versprechen über dem offenen Land. Abraham, der sich längst eingerichtet und der es zu etwas gebracht hat, soll das alles verlassen? Eine Stimme befiehlt: Geh aus der Heimat weg in das Land, das ich dir zeigen werde! Was soll daraus werden? Abraham weiß es nicht. Aber er läßt sich auf diese Stimme ein und macht sich auf einen Weg, der erst im Augenblick des Gehens sichtbar wird.

Da ging der Herr weg, als er das Gespräch mit Abraham beendet hatte. Und Abraham kehrte nach Hause zurück.

Der Untergang von Sodom und Gomorra scheint unabwendbar. Die Mißachtung aller Regeln friedlichen Zusammenlebens führt zur Selbstzerstörung. Wer könnte hier noch eingreifen? Abraham? Er verhandelt mit seinem göttlichen Bundespartner und erreicht bei ihm einen Aufschub der Katastrophe. Es geht um die Zusage Gottes: Wer mir vertraut, wird leben. Sie muß glaubhaft bleiben, auch und gerade angesichts der Bedrohung der Welt.
Erstaunlich an diesem Handel ist die Veränderung Gottes. Er läßt sich auf seine Bundestreue festnageln. Wo Menschen sind, die Frieden stiften und für Gerechtigkeit kämpfen, da wird eine bewahrende und erhaltende Kraft frei, von der sich Gott binden läßt. Er wird einst um eines einzigen Gerechten willen den Tod für alle Zeit verbannen.
Jesus ist der Gerechte, der den Weg Abrahams zu Ende geht. Darum besteht Hoffnung, daß die Katastrophe der Selbstzerstörung verhindert werden kann durch Menschen, die Gott vertrauen und denen er Kraft schenkt, das Rechte, das Befreiende, das Vernünftige zu tun. Das kühne Handeln Abrahams aus Liebe ist ein ermutigendes Modell, nicht nachzulassen im Kampf um die Erhaltung der Welt. Jeder Tag des Friedens und jeder Zuwachs an Gerechtigkeit ist eine Segensspur aus der Zusage Gottes an Abraham: Ich will dich reich belohnen.

Sie sah einen Brunnen

Sara sah den Sohn, den die Ägypterin Hagar dem Abraham geboren hatte, herumtollen. Da sagte sie zu Abraham: »Schick diese Magd weg mit ihrem Sohn, denn ihr Sohn soll nicht mit meinem Sohn Isaak das Erbe teilen.«
Das mißfiel Abraham sehr, weil Ismaël ja auch sein Sohn war.
Aber Gott sagte zu ihm: »Mach dir keine Sorgen um den

Knaben und die Magd. Tu alles, was Sara gesagt hat, denn nach Isaak sollen alle deine Nachkommen genannt werden. Aber auch den Sohn der Magd will ich zu einem großen Volk machen, weil er dein Sohn ist.«
Früh am Morgen stand Abraham auf, nahm Brot und einen Schlauch mit Wasser und gab sie Hagar. Dann legte er ihr das Kind auf die Schulter und schickte sie fort.
Hagar ging davon und irrte in der Wüste bei Beerscheba umher. Als das Wasser im Schlauch aufgebraucht war, legte sie das Kind unter einen Strauch und setzte sich einen Bogenschuß weit auf die Erde und weinte. Sie sagte zu sich: »Ich kann nicht mitansehen, wie das Kind stirbt.«
Aber Gott hörte das Schreien des Kindes. Und Gottes Engel rief Hagar vom Himmel zu: »Was ist mit dir, Hagar? Fürchte dich nicht. Gott hat das Schreien des Kindes, das dort liegt, gehört. Steh auf, nimm den Knaben und halte ihn an deiner Hand; denn ich will ihn zu einem großen Volk machen.«
Und Gott öffnete ihr die Augen. Sie sah einen Brunnen, ging hin und füllte den Schlauch mit Wasser. Dann gab sie ihrem Kind zu trinken.
Und sie nannte den Herrn, der mit ihr redete: »Du bist ein Gott, der mich sieht.« Denn sie sagte zu sich: »Habe ich hier nicht den gesehen, der mich angesehen hat?«

Da zieht sie weg in der Morgenfrühe, das schlafende Kind auf dem Arm, dem sicheren Tod in der Wüste entgegen: Hagar, die Gastarbeiterin aus Ägypten, gedemütigt und ausgenützt, weggejagt von der frommen Familie Abrahams: Und dann wird sie gerettet. In der äußersten Verzweiflung, dem Tod ganz nahe, geschieht das Wunder des Augenöffnens. Sie findet einen Brunnen mit Wasser, sie findet das Leben mitten im Land des Todes. Wer ähnliches schon erfahren hat, wird wie Hagar reagieren: Es ist wie ein Wunder, was mir da widerfahren ist. Ich habe nur mein Ende gesehen, den Tod vor Augen. Und jetzt darf ich leben. Mir ist geholfen worden. Ich kann neu anfangen. Ich sehe einen Weg, einen Brunnen, eine Quelle. Mir wurden die Augen geöffnet.
Nun bleibt Hagar aber nicht bei dieser allgemeinen Beschrei-

bung des Wunders, das ihr begegnet ist; sie spricht zu dem Gott, den sie bei Abraham kennengelernt hat. Er ist jetzt ihr Gott geworden: Du bist ein Gott, der mich sieht! Die eigenen Lebenserfahrungen werden zur Beschreibung und Namensgebung Gottes. Gott enthüllt seine Liebe in dem, was mir begegnet. Wir erfahren täglich große und kleine Bewahrungen und können daraus »Ehrentitel« für Gott formulieren: Du bist ein Gott, der mich sieht, der mir hilft, der mich tröstet. Wie könnte ich Gott dafür danken? Bin ich nicht auch schon oft im Kleinen oder Großen dem begegnet, der mich liebt?

Hier bin ich

Gott wollte Abraham prüfen. Er rief: »Abraham!«
Und Abraham antwortete: »Hier bin ich!«
Gott sagte: »Nimm Isaak, deinen einzigen Sohn, den du lieb hast, geh in das Land Morija und bring ihn dort auf einem Berg, den ich dir noch zeigen werde, zum Brandopfer dar.«
Da stand Abraham früh am Morgen auf, sattelte seinen Esel und nahm zwei Knechte mit und Isaak, seinen Sohn. Er spaltete Holz zum Brandopfer und machte sich auf den Weg bis zu dem Ort, den Gott ihm genannt hatte. Am dritten Tag schaute Abraham auf und sah den Berg von ferne. Er sagte zu seinen Knechten: »Bleibt hier mit dem Esel. Ich und der Knabe wollen dorthin gehen und zu Gott beten. Dann wollen wir wieder zu euch kommen.«
Abraham nahm das Holz zum Brandopfer und legte es seinem Sohn Isaak auf die Schulter. Er selbst trug das Becken mit den glühenden Kohlen und das Messer. So gingen die beiden miteinander.
Da sagte Isaak zu seinem Vater: »Mein Vater!«
Und Abraham antwortete: »Ja, mein Sohn!«
Und Isaak: »Hier ist das Feuer und das Holz; aber wo ist das Lamm zum Brandopfer?«
Und Abraham: »Gott wird schon für das Lamm zum Brandopfer sorgen!«
So gingen die beiden miteinander.

Sie kamen an den Ort, den Gott genannt hatte. Abraham baute einen Altar und legte das Holz darauf. Dann band er seinen Sohn Isaak fest und legte ihn oben auf das Holz. Abraham griff nach dem Messer und erhob den Arm, um seinen Sohn als Opfer zu töten. Da rief der Engel des Herrn vom Himmel her: »Abraham, Abraham!«

Er antwortete: »Hier bin ich!«

»Halt ein, tu dem Knaben nichts. Jetzt weiß ich, daß du Gott gehorsam bist. Du warst sogar bereit, deinen einzigen Sohn zum Opfer zu bringen.«

Da schaute Abraham auf und sah einen Schafbock, der sich mit den Hörnern im Gestrüpp verfangen hatte. Abraham ging hin, nahm das Tier und brachte es anstelle seines Sohnes zum Brandopfer dar. Und er nannte diesen Ort: Der Herr sieht.

Heute noch sagt man: Der Berg, wo der Herr gesehen wird.

Darauf kehrte Abraham zu seinen Knechten zurück, und sie kehrten miteinander nach Beerscheba zurück, wo Abraham wohnen blieb.

Wenn ich sehe, kann ich glauben: Der Erbe ist da, das lebendige, sichtbare Zeichen dafür, daß Gottes Versprechen wahr ist. Die Kirche ist da, die Bibel ist da, lebendige, sichtbare Zeichen Gottes. Die Erfahrungen von Bewahrung und Rettung sind da, Glaubensgewißheiten. Aber wenn ich nichts sehe? Und wenn ich »gar nichts fühle von seiner Macht«? Worauf kann man sich dann noch verlassen? Gott antwortet dem Abraham: Auf mich, allein auf mich, die Stimme der Liebe gegen allen Augenschein, gegen alle Erfahrung, gegen alle Sicherheiten und Überzeugungen. Die Liebe ist ausschließlich, ohne Beweismöglichkeit; sie ist grundlos und unteilbar.

In dieser Erzählung wird deutlich, wie schwer es ist, das Zeichen der Liebe, den Sohn, loszulassen und ohne Vorbehalt zu vertrauen. Abraham gibt alles her, was ihn sicher macht: Hier bin ich! Es ist ein langer Weg, ein Sterbensweg. (»So gingen die beiden miteinander!«) Jetzt hängt das Leben und die Zukunft Abrahams nur noch an einem einzigen Satz: »Fürchte dich nicht; ich habe dich bei deinem Namen gerufen, du bist mein!«

(Jesaja 43,1). Jesus sagt: »Selig sind, die nicht sehen und doch glauben« (Johannes 20, 29), und denkt dabei sicher auch an Abraham, der sich von allem lossagt, nur von einem nicht: Gott hat mich lieb. Mein Leben hängt an ihm und an sonst nichts. Und darin empfängt nun Abraham auch das Leben neu, ein Leben, das den Tod hinter sich hat und durch nichts und niemand mehr aus Gottes Liebe herausgerissen werden kann.
Der Sterbensweg wird zum Lebensweg, an dessen Ende Gottes bewahrendes und befreiendes Schöpferwort steht: Fürchte dich nicht; ich bin hier!

Laß es gelingen

Abraham war sehr alt geworden. In allem hatte ihn der Herr gesegnet. Nun rief er seinen ältesten Knecht, der sein ganzes Eigentum verwaltete: »Schwöre mir bei dem Namen des Herrn, dem Gott des Himmels und der Erde: ›Ich werde für den Sohn meines Herrn Abraham keine Frau unter den Mädchen der Kanaaniter hier im Land suchen. Ich werde in das Vaterland meines Herrn Abraham ziehen und seinem Sohn Isaak aus seiner Verwandtschaft eine Frau suchen!‹«
Da schwor ihm der Knecht. Und er nahm zehn Kamele seines Herrn mit und brach auf. Auch viele Kostbarkeiten seines Herrn nahm er mit. So kam er nach Mesopotamien zu der Stadt, in der Abrahams Bruder Nahor wohnte. Er ließ die Kamele draußen vor der Stadt lagern. Dort war ein Brunnen, zu dem am Abend die Frauen hinauskamen, um Wasser zu schöpfen. Er betete: »Herr, du Gott meines Herrn Abraham, laß es mir heute gelingen und erweise deine Güte an Abraham, meinem Herrn. Sieh, ich steh hier am Brunnen, und gleich werden die Mädchen aus der Stadt kommen, um Wasser zu schöpfen. Ich will zu einem von ihnen sagen: ›Reich mir deinen Krug und laß mich trinken.‹ Wenn sie dann antwortet: ›Trink nur! Und deine Kamele will ich auch tränken!‹ so weiß ich, daß sie die rechte Frau ist, die du für deinen Diener Isaak bestimmt hast.«

Noch ehe er mit seinem Gebet zu Ende war, kam Rebekka, die Tochter Betuëls, aus der Familie Nahors, und trug einen Krug auf der Schulter. Das Mädchen war sehr schön und noch nicht verheiratet. Sie stieg zum Brunnen hinab, füllte den Krug und stieg wieder herauf.
Da lief der Knecht rasch auf sie zu und bat: »Gib mir einen Schluck Wasser aus deinem Krug!«
Sie antwortete: »Trink nur, Herr!« Schnell hob sie den Krug auf ihre Hand herunter und gab ihm zu trinken.
Als er genug getrunken hatte, sagte sie: »Jetzt will ich für deine Kamele Wasser schöpfen, bis sie ihren Durst gelöscht haben.« Sie lief zur Tränkrinne und leerte den Krug aus, lief wieder zum Brunnen und schöpfte für alle seine Kamele.
Der Knecht schaute ihr verwundert zu und sagte kein Wort. Er wollte erfahren, ob Gott seine Reise gelingen lassen würde.
Als nun alle Kamele getrunken hatten, gab er ihr einen Stirnreif und zwei Armreife aus Gold und fragte sie: »Wessen Tochter bist du? Und sag mir, ob im Haus deines Vaters Platz für uns ist, daß wir dort übernachten können.«
Rebekka antwortete: »Ich bin die Tochter Betuëls. Wir haben Stroh und Futter für die Tiere und Platz genug zum Übernachten.«
Da kniete der Knecht nieder und betete: »Dank sei dir, Gott meines Herrn Abraham! Du hast deine Güte und Treue an ihm erwiesen. Du hast mich geradewegs zum Haus der Verwandten meines Herrn geführt.«

In dieser Geschichte begegnet uns Gott nicht wie in allen anderen Abrahamsszenen; er redet nicht direkt und unmittelbar zu den Personen, die hier auftreten. Der Knecht Abrahams muß genau aufpassen und beobachten, ob sich erfüllt, worauf er wartet. Und als er das Ziel seiner Reise erreicht, dankt er Gott für seine freundliche Führung. Gott erscheint nicht mehr selbst in der Geschichte. Würde der Knecht Abrahams nicht zu ihm beten, wäre gar nichts von Gott hörbar. Anders als zu Zeiten Abrahams muß Gottes Freundlichkeit jetzt aus dem Geschehen zwischen den Menschen heraus erkannt und bekannt werden. Auch zu uns tritt Gott nicht mehr wie zu Abraham ans Zelt, um mit ihm zu essen; er fordert uns auf, im Weltgeschehen nach ihm zu suchen: »Der Knecht schaute zu und sagte kein Wort. Er wollte herausfinden, ob Gott seine Reise gelingen lassen würde.« Beobachten, schweigen, warten und bitten, daß Gott »unsre Reise gelingen läßt«, das ist die Art und Weise, in der wir Gott jetzt begegnen. »Führe mich, o Herr, und leite meinen Gang nach deinem Wort«, heißt es in einem Kirchenlied (EKG 345,5). Die Bitte um seine Nähe im Alltag kann hellhörig, geduldig und aufmerksam auf die Menschen machen, die uns begegnen; in ihnen und mit ihnen will Gott sein Ziel erreichen: uns mit seiner Freundlichkeit und Liebe nahezukommen.

Das hat Gott gefügt

Das Mädchen lief inzwischen nach Hause und erzählte, was sie erlebt hatte. Als ihr Bruder Laban den goldenen Schmuck sah und hörte, was der Mann gesagt hatte, lief er hinaus an den Brunnen. Dort wartete der Knecht mit den Kamelen. Laban rief: »Dich hat Gott hergeschickt. Warum stehst du hier draußen? Komm, das Haus ist aufgeräumt, und für die Kamele ist Platz gemacht.«

Da ging der Knecht Abrahams mit. Laban führte ihn ins Haus, ließ die Kamele abzäumen und Stroh und Futter für sie holen. Dem Knecht brachte er Wasser, damit er sich die Füße waschen konnte. Und man setzte ihm Essen vor. Er aber wollte nicht essen, bevor er seinen Auftrag ausgerichtet hatte. Und er fragte sie, ob er für den Sohn seines Herrn um die Tochter dieses Hauses bitten dürfte.

Laban und Betuël antworteten: »Das hat Gott gefügt. Wir können seine Entscheidung nur annehmen. Hier ist Rebekka. Nimm sie mit. Sie soll den Sohn deines Herrn heiraten, wie Gott es bestimmt hat.«

Als der Knecht das hörte, warf er sich nieder und dankte dem Herrn. Dann packte er silberne und goldene Schmuckstücke und Kleider aus und schenkte sie Rebekka. Auch ihrem Bruder

und ihrer Mutter gab er kostbare Geschenke. Dann aßen und tranken sie zusammen und blieben über Nacht da.
Früh am Morgen standen sie auf, und der Knecht sagte: »Laßt mich zu meinem Herrn zurückziehen.« Sie baten ihn, noch eine Weile, zehn Tage nur, zu bleiben. Aber er sagte: »Der Herr hat meine Reise gelingen lassen; haltet mich nicht auf. Laßt mich gehen, damit ich zu meinem Herrn ziehen kann.«
Da machte sich Rebekka reisefertig mit ihren Mägden. Sie bestiegen die Kamele und brachen mit dem Knecht Abrahams auf.
Isaak wohnte zu dieser Zeit im Südland. Eines Abends war er auf dem Feld und sah auf einmal Kamele daherkommen. Auch Rebekka sah auf und erblickte Isaak. Schnell stieg sie vom Kamel ab und fragte den Knecht Abrahams: »Wer ist der Mann, der uns da auf dem Feld entgegenkommt?«
Er antwortete: »Das ist mein Herr!«
Da verhüllte Rebekka ihr Gesicht mit dem Schleier.
Der Knecht erzählte Isaak, wie alles gegangen war. Isaak führte Rebekka in das Zelt seiner Mutter Sara, und sie wurde seine Frau. Und er gewann sie sehr lieb. Abraham übergab Isaak seinen gesamten Besitz; dann starb er nach einem erfüllten Leben und kam zu seinen Vorvätern. Seine Söhne Isaak und Ismaël begruben ihn in der Höhle Machpela östlich von Mamre. Abraham hatte dieses Feld von den Hetitern gekauft; nun wurde er dort neben seiner Frau Sara begraben. Und nach dem Tod Abrahams kam der Segen Gottes auf seinen Sohn Isaak.

Wie können Menschen in ihrer Geschichte eine göttliche Absicht erkennen? Muß man überhaupt das menschliche Geschick mit Gott in Verbindung bringen? Diese Frage hängt davon ab, was der Mensch von sich selber hält. Wenn er die Erfahrung macht, daß er nicht selber Herr seiner Geschichte ist, muß er fragen, was für ein Sinn darin verborgen ist. Er muß eine Antwort riskieren, eine Deutung, ein Bekenntnis. Antwortet er nicht, dann hüllt ihn bald das Schweigen der Sinnlosigkeit ein und macht ihn stumm. Der Mensch hat aber die Gabe zu sprechen; erst wenn er sie gebraucht zum Antworten, wird er herausfinden, daß die Welt ihm ständig Fragen stellt. Und mit jeder Antwort kommt der Mensch dem Geheimnis der Welt ein Stück näher.

Laban und Betuël haben geantwortet: »Das hat Gott gefügt! Dich hat Gott geschickt!« Und der Knecht Abrahams hat geantwortet: »Danke Gott. Du hast meine Reise gelingen lassen!« Das ist auch die Antwort Abrahams: »Du, Gott, hast meine Lebensreise gelingen lassen!« Jesus hat geantwortet: »Nicht, was ich will, sondern was du willst, lieber Vater, das soll geschehen! In deine Hände befehle ich meinen Geist!« Das sind alles Antworten eines tiefen Vertrauens, daß Gott nur das Beste für seine Geschöpfe will. Also liegt es daran, dieses Beste sichtbar und hörbar zu machen. Der Knecht Abrahams drängt: »Der Herr hat mir geholfen. Haltet mich nicht auf! Ich will es daheim erzählen.«

Zum guten Ende

Nun wird er auch gesegnet bleiben

Der Liebling der Mutter

Isaak war 40 Jahre alt, als er Rebekka, die Tochter Betuëls aus Mesopotamien, die Schwester Labans, heiratete. Rebekka konnte keine Kinder bekommen. Deshalb betete Isaak zum Herrn: und der Herr erhörte seine Bitte. Rebekka wurde schwanger mit Zwillingen. Als die Kinder einander in ihrem Leib stießen, sagte sie: »Warum soll ich das ertragen?«

Sie fragte den Herrn, und er antwortete: »Zwei Völker trägst du jetzt in deinem Leib, und daraus werden zwei Nationen. Eine wird stärker als die andere sein, und der Ältere muß dem Jüngeren dienen.«

Als der Tag der Geburt kam, brachte Rebekka tatsächlich Zwillingsbrüder zur Welt. Der erste war rötlich und am ganzen Körper mit Haaren bedeckt. Man nannte ihn Esau. Der zweite hielt seinen Bruder an der Ferse fest. Ihn nannte man Jakob. Als die beiden geboren wurden, war Isaak 60 Jahre alt.

Die Kinder wuchsen heran. Esau wurde ein Jäger, der in der Steppe umherstreifte; Jakob dagegen blieb bei den Zelten und wurde ein Hirte. Der Vater Isaak, der gern Wildbraten aß, liebte Esau besonders; Jakob dagegen war der Liebling der Mutter Rebekka.

Eines Tages kam Esau ganz erschöpft aus der Steppe heim. Jakob kochte gerade ein Linsengericht. Esau sagte: »Gib mir schnell etwas von dem roten Brei da, ich bin ganz erschöpft.«

Jakob sagte: »Nur, wenn du mir dafür dein Erstgeburtsrecht gibst.«

Esau sagte: »Ich sterbe fast vor Hunger. Was soll ich da mit dem Erstgeburtsrecht?«

»Schwöre es mir zuerst«, sagte Jakob.
Da schwor Esau und trat Jakob sein Erstgeburtsrecht ab.
Jakob gab ihm Brot und die gekochten Linsen. Esau aß und trank, stand auf und ging davon. So wenig bedeutete ihm sein Erstgeburtsrecht.

Der Hinterhältige

Isaak war alt geworden; er konnte nicht mehr sehen. Da rief er seinen älteren Sohn Esau zu sich. Er antwortete: »Hier bin ich.«
Und Isaak sagte: »Ich bin alt geworden und weiß nicht, wie lang ich noch lebe. Nimm also dein Jagdgerät, Köcher und Bogen, geh in die Steppe und jag ein Wild, damit du es mir zubereiten kannst, wie ich es mag. Ich will mich stärken und dich dann segnen, ehe ich sterbe.«
Rebekka hatte zugehört, und als Esau fortgegangen war, um das Wild zu jagen, sagte sie zu Jakob: »Ich habe gehört, wie dein Vater zu deinem Bruder Esau sagte: ›Bring mir ein Stück Wild und bereite es gut zu. Ich will mich stärken und dich dann segnen, ehe ich sterbe.‹ Nun höre auf meinen Rat, mein Sohn: Geh zur Herde und such dir zwei schöne Böcklein aus. Ich will sie so zubereiten, wie es dein Vater gern hat. Dann trägst du ihm das Essen hinein, damit er sich stärken und dich segnen kann, ehe er stirbt.«
Aber Jakob antwortete: »Mein Bruder Esau ist behaart und ich habe eine glatte Haut. Vielleicht betastet mich mein Vater und merkt den Betrug; dann wird er einen Fluch über mich sprechen und keinen Segen.«
Seine Mutter sagte: »Der Fluch soll auf mich fallen, mein Sohn. Tu, was ich dir gesagt habe, und bring mir die Böcklein.«
Da holte sie Jakob.
Und seine Mutter bereitete ein Essen zu, wie sein Vater es gern hatte. Dann holte sie das Festgewand Esaus, das sie aufbewahrte, und zog es Jakob an. Die Felle des Böckleins band sie ihm um die Handgelenke und um den glatten Hals. Dann gab sie ihrem Sohn Jakob das Essen, das sie zubereitet hatte, und dazu Brot.
Jakob ging zu seinem Vater hinei und sagte: »Mein Vater.«

Er antwortete: »Welcher meiner Söhne bist du?«
Und Jakob sagte zu seinem Vater: »Ich bin Esau, dein Erstgeborener. Ich habe getan, was du mir gesagt hast. Komm setz dich auf und iß von meinem Wildbraten, damit du mich dann segnen kannst.«
Isaak fragte: »Wie hast du so schnell etwas gefunden, mein Sohn?«
Jakob antwortete: »Der Herr, dein Gott, hat es mir über den Weg geschickt.«
Isaak sagte: »Komm näher. Laß dich betasten, ob du wirklich mein Sohn Esau bist.«
Jakob trat nahe zu seinem Vater. Der betastete ihn und sagte: »Es ist Jakobs Stimme, aber es sind Esaus Hände.«
Und er erkannte ihn nicht, weil seine Hände behaart waren wie bei Esau.
Er fragte noch einmal: »Bist du wirklich mein Sohn Esau?«
Und Jakob antwortete: »Ja.«
Da sagte Isaak: »Bring mir, was du zubereitet hast, mein Sohn. Ich will vom Wildbraten essen und dich dann segnen. Jakob brachte es ihm, und er aß. Darauf gab er ihm den Wein, und er trank.
Dann sagte Isaak: »Komm her und küß mich.«
Und Jakob tat es.
Als Isaak den Duft seiner Kleider roch, sprach er ihm den Segen zu: »Der Duft meines Sohnes ist wie der Duft des Feldes, das der Herr gesegnet hat. Gott gebe dir den Tau des Himmels, daß deine Felder Korn und Wein in Überfülle tragen. Völker sollen dir dienen und Nationen sich vor dir niederwerfen. Du sollst über deine Brüder herrschen; sie sollen sich vor dir verneigen. Wer dich verflucht, der sei verflucht. Und wer dich segnet, soll gesegnet sein.«
Kaum hatte Isaak den Segen ausgesprochen und war Jakob hinausgegangen, kam Esau von der Jagd. Auch er bereitete ein gutes Essen, brachte es seinem Vater und sagte: »Vater, setz dich auf und iß von meinem Wild, damit du mich dann segnen kannst.«
Sein Vater Isaak fragte: »Wer bist du?«, und bekam die Antwort: »Dein Sohn Esau, dein Erstgeborener.«

Da erfaßte Isaak ein maßloser Schrecken, und er fragte: »Wer? Wer war dann der, der mir den Wildbraten brachte, von dem ich aß, bevor du kamst, und den ich dann gesegnet habe? Nun wird er auch gesegnet bleiben.«
Esau hörte das und schrie in seinem Schmerz laut auf: »Mein Vater. Segne mich auch.«
Aber Isaak antwortete: »Dein Bruder hat mit List dir deinen Segen weggenommen.«
Esau sagte: »Zu Recht hat er den Namen Jakob, der Hinterhältige. Schon zweimal hat er mich betrogen. Erst nahm er mir das Erstgeburtsrecht, jetzt auch noch den Segen. Hast du denn keinen Segen mehr für mich?«
Isaak antwortete: »Ich habe ihn zum Herrscher über dich gemacht; alle seine Brüder sollen ihm dienen. Mit Korn und Wein habe ich ihn reich beschenkt. Was kann ich da noch für dich tun, mein Sohn?«
Esau sagte: »Hast du denn nur einen Segen, Vater? Segne mich auch.« Und er fing laut zu weinen an.
Da sagte Isaak: »Weit weg von den fruchtbaren Feldern wirst du wohnen. Kein Tau vom Himmel wird dein Land befeuchten. Mit deinem Schwert mußt du dir Nahrung suchen und mußt als Knecht bei deinem Bruder dienen. Doch eines Tages wird's geschehen, daß du das Joch abschütteln wirst von deinem Nacken.«

Besonders fromm und moralisch vorbildlich ist die Familie Isaaks nun wirklich nicht. Da wird gelogen und betrogen und mit allen Tricks der andere »aufs Kreuz gelegt«. Auch von Achtung gegenüber den Eltern oder der Eltern untereinander ist nicht viel zu spüren. Man hat den Eindruck, als würde es dem Erzähler geradezu Vergnügen machen, das hinterhältige Vorgehen Jakobs und Rebekkas auszumalen. Und was hat diese wenig vorbildliche Familie in der Bibel zu suchen? Sie ist Segensträger Gottes, sie folgt ihrem Vater Abraham nach und lebt von den göttlichen Zusagen: »Dieses Land will ich dir und deinen Nachkommen geben. Du sollst ein Segen sein für alle Völker, für die ganze Welt.« Jakob, der Betrüger – ein Segen für uns?

Nun sollten wir uns über das sehr wenig Heilige des Segensträgers nicht erheben. Wer hat nicht schon der Zusage Gottes ein wenig nachzuhelfen versucht mit eigener Klugheit und Frömmigkeit? Es ist recht tröstlich zu wissen, daß Gottes Segen nicht am Wohlverhalten des Menschen hängt, sondern ganz allein an seiner unbegreiflichen Freundlichkeit; wir könnten sonst alle nicht leben. Und Gottes Geschichte mit Jakob hat ja erst angefangen. Es könnte doch sein, daß er in der Schule des Lebens hinzulernt durch Gotteserfahrungen, von denen er noch gar nichts ahnt. Wir werden sehen. Eines jedenfalls ist ganz deutlich zu erkennen: Gottes Segen bleibt; er wird nicht wegen fehlenden Frommseins entzogen. Gott begegnet Jakob mit unbegrenzter Liebe und Geduld.

Wenn Gott mit mir ist

Esau konnte nicht vergessen, daß ihn Jakob um den Segen des Vaters gebracht hatte. Und er beschloß, seinen Bruder umzubringen, sobald sein Vater gestorben sein würde.
Als Rebekka dies erfuhr, ließ sie Jakob, ihren jüngeren Sohn, rufen und sagte: »Dein Bruder Esau droht, dich umzubringen. Deshalb hör auf mich und tu, was ich dir sage: Flieh zu meinem Bruder Laban nach Haran und bleib dort eine Weile, bis sich der Zorn deines Bruders gelegt hat und er nicht mehr daran denkt, was du ihm angetan hast. Dann will ich dir Nachricht schicken, daß du wieder zurückkommen kannst. Warum soll ich euch beide an einem Tag verlieren?«
Da machte sich Jakob auf den Weg von Beerscheba nach Haran. Als die Sonne unterging, fand er einen Platz, wo er übernachten konnte. Er nahm einen Stein, der da lag, und lehnte den Kopf daran, um zu schlafen. Und er träumte: Eine Treppe stand da, die von der Erde bis an den Himmel reichte. Und Gottes Engel stiegen auf und nieder. Der Herr stand oben auf der Treppe und sagte: »Ich bin der Herr, der Gott deines Vaters Abraham und Isaaks Gott. Das Land, auf dem du liegst, will ich dir und deinen Nachkommen geben. Sie werden so zahlreich sein wie der Staub auf der Erde und sich nach Westen, Osten,

Norden und Süden ausbreiten. Durch dich und deine Nachkommen sollen alle Völker gesegnet werden. Ich bin mit dir und will dich behüten, wohin du auch gehst. Ich werde dich wieder in dieses Land zurückbringen. Ich will dich nicht verlassen, sondern alles tun, was ich dir zugesagt habe.«
Jakob erwachte und sagte: »Der Herr wohnt an diesem Ort, und ich wußte es nicht. Man muß sich diesem Ort in Ehrfurcht nähern. Hier ist nichts anderes als Gottes Haus, das Tor zum Himmel.«
Früh am Morgen stand Jakob auf und richtete den Stein, auf dem er geschlafen hatte, als Gedenkstein auf und goß Öl darauf. Er nannte den Ort Bet-El (Haus Gottes); bis dahin hieß er Lus. Dann legte Jakob ein Gelübde ab: »Wenn Gott mit mir ist und mich auf meinem Weg behütet, mir Brot und Kleider verschafft und mich im Frieden wieder heim zu meinem Vater bringt, dann soll er auch mein Gott sein. Und an dieser Stelle, wo ich den Gedenkstein aufgerichtet habe, will ich ein Gotteshaus bauen. Von allem, was du mir gibst, will ich dir den zehnten Teil geben.«

Jakob, der Flüchtling, wird gleich in der ersten Nacht von Gott angeredet, ganz persönlich, überaus freundlich und liebevoll. Gott richtet sein Angebot direkt an Jakob und bindet ihn damit in die Verheißungsgeschichte mit Abraham ein. Die Begegnung findet am Heiligtum Bet-El statt, das jahrhundertelang der Mittelpunkt der Gottesverehrung war. Und sie findet in der Tiefe Jakobs statt, im Traum, wo Jakob den Himmel offen sieht und die Stimme Gottes hört. Er empfängt in der Nacht seiner Flucht das Geschenk des Angenommenseins und der Hoffnung. Als er erwacht, weiß er, daß Gott selbst mit ihm geredet hat. Und doch macht er einen fast modernen Vorbehalt: Wenn – dann! Er will die Stimme im Traum als seines Gottes Stimme annehmen, wenn das wahr wird, was sie sagt, und er wieder hierher zurückkommt. Er richtet einen Gedenkstein auf, um diese Stelle stets vor Augen zu haben.
Es ist einen Versuch wert: Ich bin angesprochen, ganz persönlich. Und nun nehme ich den Weg unter die Füße, Lebensweg, Fluchtweg, Sorgenweg, Leidensweg. Und ich denke täglich

Die Jakobs- und Josefsgeschichten sind wie Straßen und Brücken, auf denen Gott durch alle Gefahren und Dunkelheiten hindurch sein Ziel erreicht, nämlich Leben zu erhalten. Da gibt es Widerstände und Umwege, Eigenmächtigkeiten und Ängste. Aber immer wieder bricht sich die Sonne des Lebens Bahn und erhellt die undurchsichtigen Gewässer des menschlichen Geschicks. Am Ende wird es klar sein.

daran, prüfe und suche, wo Gott einlöst, was er versprochen hat: Ich will dich behüten, wohin du auch gehst! Und irgendwann, vielleicht schon sehr bald, wird aus dem Denken ein Dank: Er ist wahr. Er ist da. Er hat seine Hand über mir gehalten. »Du bist mein Gott.« Bei Jakob wird es ein langer Weg, ein Weg der Niederlagen und der Siege, Schritt für Schritt ein Weg nach innen, ein Weg, dessen Ziel Friede heißen wird. Jetzt aber heißt er Flucht, heißt noch für lange Zeit umgetrieben sein.

Ich will in meine Heimat

Jakob war nun schon einen Monat im Haus seines Onkels. Da sagte Laban zu ihm: »Du sollst nicht umsonst für mich arbeiten, nur weil du mein Verwandter bist. Sag mir, was du als Lohn haben willst.«

Nun hatte Laban zwei Töchter: die ältere hieß Lea, die jüngere Rahel. Leas Augen waren ohne Glanz, Rahel aber war sehr schön.

Jakob liebte Rahel, und er sagte: »Ich will sieben Jahre für dich arbeiten, wenn du mir Rahel gibst.«

Laban antwortete: »Es ist besser, wenn ich sie dir gebe als einem Fremden; bleib bei mir.« So arbeitete Jakob sieben Jahre um Rahel, und die Jahre vergingen ihm, als wären es Tage, so sehr liebte er sie.

Nach dieser Zeit sagte er zu Laban: »Gib mir jetzt die Frau, um die ich gearbeitet habe. Ich möchte die Hochzeit mit ihr feiern.«

Laban lud alle Leute des Ortes zum Hochzeitsmahl ein. Am Abend aber nahm er seine Tochter Lea und brachte sie zu Jakob, und er schlief mit ihr. Am Morgen dann erkannte er, daß es Lea war. Er sagte zu Laban: »Warum hast du mir das angetan? Ich habe doch um Rahel bei dir gearbeitet! Warum hast du mich betrogen?«

Laban antwortete: »Es ist nicht Sitte bei uns, die jüngere Tochter vor der älteren zu verheiraten. Feire jetzt mit Lea die Hochzeitswoche zu Ende. Ich will dir dann Rahel noch dazugeben.

Aber du mußt dafür weitere sieben Jahre für mich arbeiten.« Jakob tat das.
Als die Hochzeitswoche zu Ende war, gab ihm Laban auch Rahel zur Frau. Jakob schlief auch mit Rahel und hatte sie lieber als Lea. Und er arbeitete weitere sieben Jahre bei Laban.
Nachdem Rahel ihm zuletzt Josef geboren hatte, sagte Jakob zu Laban: »Nun laß mich weiterziehen. Ich will in meine Heimat zurückkehren. Laß meine Frauen und Kinder, um die ich gearbeitet habe, mitgehen. Du weißt, wie ich alle meine Kraft für dich gegeben habe.«
Aber Laban erwiderte: »Tu mir den Gefallen und bleib noch. Ich merke, daß der Herr mich gesegnet hat, weil du da warst. Was willst du künftig als Lohn? Ich gebe dir, was du verlangst.«
Aber der Herr sagte zu Jakob: »Kehre in das Land deiner Väter und zu deinen Verwandten zurück. Ich will mit dir sein.«
Da setzte Jakob seine Frauen und Kinder auf Kamele, nahm sein ganzes Vieh und alles, was er in Mesopotamien erworben hatte, und machte sich auf den Weg ins Land Kanaan zu seinem Vater Isaak.

Viele Jahre hat Jakob fern von seiner Heimat gelebt und gearbeitet, hat Höhen und Tiefen durchschritten, Gutes und Böses erfahren. In Laban hat der Betrüger Jakob seinen Meister gefunden. Und Jakob geht auf Laban ein und bleibt. Hat ihn die Liebe zu Rahel dazu bewogen oder die Scham der Erinnerung an seinen eigenen Betrug? Aber dann wird sein Sohn Josef geboren, und Jakob zieht es dorthin, wo Gott ihm Land und Heimat versprochen hat. Nicht einmal die Angst vor seinem Bruder Esau hält ihn mehr zurück, er will nach Hause. Das ist ein langer Weg, nicht nur wegen der großen Herden, die mitziehen. Der Weg in die Heimat ist voller Hindernisse: Da ist der Zweifel, ob es einen Platz für ihn geben wird. Da ist die Angst vor der Rache des Bruders. Der Rückweg wird mühsam und immer dunkler. Der Reichtum, die Lebenserfahrung, das gewonnene Selbstbewußtsein helfen auch nicht mehr. Nichts ist durch die Zeit wirklich anders geworden. Wäre da nicht die

Spur der Erinnerung, die Stimme Gottes aus Bet-El, der Rückweg würde hoffnungslos. Aber sein Wort ist da: »Ich will mit dir sein! Ich will dich behüten!« Sein Wort gegen die Angst, gegen die Resignation, gegen den Tod. Gottes »Ich will« macht die Rückkehr, macht Heimkommen möglich.

Die Morgenröte steigt auf

Mitten in der Nacht stand Jakob auf und zog über die Furt durch den Jabbok. Seine Frauen und Mägde, die elf Kinder und alle seine Herden brachte er hinüber. Nur er allein blieb zurück. Da rang ein Mann mit ihm, bis die Morgenröte aufstieg. Als der merkte, daß er Jakob nicht überwältigen konnte, schlug er ihm auf das Hüftgelenk, so daß es sich ausrenkte. Dann sagte er: »Laß mich los; denn die Morgenröte steigt auf.«

Aber Jakob antwortete: »Ich laß dich nicht los, bis du mich gesegnet hast.« Der andere fragte: »Wie heißt du?«

Er antwortete: »Jakob.«

Der andere sagte: »Du sollst nicht mehr Jakob heißen, sondern Israel, denn du hast mit Gott und mit Menschen gekämpft und hast gewonnen.«

Nun bat ihn Jakob: »Sag mir auch deinen Namen.« Er aber antwortete: »Warum fragst du?«, und segnete ihn.

Jakob gab diesem Ort den Namen Penuël (Angesicht Gottes); denn er sagte: »Ich habe Gott von Angesicht gesehen und bin am Leben geblieben.« Als er Penuël verließ, ging eben die Sonne auf. Und Jakob hinkte an seiner Hüfte.

Jakob ist ganz allein in der Nacht, ist an der Grenze, über die er nicht hinwegkommt. Wie eine fremde Macht stellt sich ihm das Dunkel entgegen. Er verliert den Boden unter den Füßen. Aber er kämpft; es geht um sein Leben. Die Nacht ist lang und lähmend. Der Fremde schlägt ihn fast bewegungsunfähig. Doch Jakob läßt nicht los. Und da verändert sich die Situation. Die Stimme ist wieder da, die Stimme von Bet-El: »Du sollst nicht mehr Jakob heißen, sondern Israel.«

Ein neuer Mensch wird da geboren durch diese Stimme, ein gesegneter Mensch. Der Morgen kommt, das Licht hat die Finsternis vertrieben. Jakob-Israel hat festen Boden unter den Füßen. Er hat den Tod hinter sich, die Schuld, die Angst. Er hat das Leben vor sich, die Versöhnung, die Freude.
Diese Geschichte hat österlichen Glanz: Gott öffnet das Tor zum Leben. Sein Segen ist das Leben, das aus der Dunkelheit befreite, das neu geschenkte. Ein uraltes Kirchenlied weiß: »Es war ein wunderlich Krieg, da Tod und Leben rungen; das Leben behielt den Sieg, es hat den Tod verschlungen« (EKG 76,4). Die Segensgeschichte Gottes ist nicht zu Ende; sie kommt bis zu uns, schließt uns ein und will uns mit hineinnehmen in die große Freude.

Du hast mich freundlich angesehen

Jakob schaute auf und sah Esau mit vierhundert Mann daherkommen. Er stellte die Mütter mit ihren Kindern auf: Zuerst kamen die Nebenfrauen mit ihren Kindern, dann kam Lea mit ihren Kindern und zuletzt Rahel mit Josef. Er selbst ging dem Zug voran und verneigte sich siebenmal bis auf die Erde, ehe er zu seinem Bruder kam.
Esau aber lief ihm entgegen, fiel ihm um den Hals und küßte ihn. Und sie weinten. Esau schaute auf und sah die Frauen mit den Kindern und fragte: »Wer sind denn die?«
Jakob antwortete: »Es sind die Kinder, die Gott deinem Knecht geschenkt hat.«
Da traten die Nebenfrauen mit ihren Kindern heran und verneigten sich. Auch Lea kam mit ihren Kindern und verneigte sich. Zuletzt kamen auch Josef und Rahel und verneigten sich vor ihm.
Esau fragte: »Was willst du mit all den Herden, die du mir entgegengeschickt hast?«
Jakob antwortete: »Ich wollte Gnade finden bei meinem Herrn.«
Esau sagte: »Ich habe genug, mein Bruder; behalte, was du hast.«

Und Jakob sagte: »Aber nein. Wenn ich Gnade vor dir gefunden habe, dann nimm mein Geschenk an. Als ich dich sah, war es mir, als sähe ich Gottes Angesicht, denn du hast mich freundlich angesehen. Nimm doch an, was ich dir als Geschenk gebracht habe. Gott hat mich reich gesegnet und ich habe mehr als genug von allem.«
So bedrängte Jakob seinen Bruder, bis er es nahm.
Dann sagte Esau: »Wir wollen aufbrechen und ich will mit dir ziehen.«
Da erwiderte Jakob: »Mein Herr, du siehst selbst, wie klein die Kinder noch sind. Ich habe auch noch säugende Schafe und Rinder bei mir. Wenn ich sie zu schnell treibe, stirbt das ganze Vieh. Zieh deshalb voraus, mein Herr; und ich werde geruhsam hinterherziehen bis nach Seïr, so wie es mir mit den Kindern und den Herden möglich ist.«
Esau sagte: »Ich lasse dir wenigstens ein paar meiner Leute da.«
Aber Jakob erwiderte: »Ist das denn nötig? Es reicht mir, wenn ich weiß, daß du mir auch künftig freundlich begegnen willst.«
Da zog Esau seines Wegs nach Seïr, und Jakob kam endlich nach Sichem. Er errichtete dort einen Altar und gab ihm den Namen: Gott ist der Gott Israels.

Jakob, der neue Jakob-Israel, der Gesegnete, will sich mit seinem Bruder Esau aussöhnen. Dabei geht er mit aller menschlichen Vorsicht zu Werke: er schickt Geschenke voraus, er unterwirft sich und seine Familie der Macht Esaus. Der neue Jakob-Israel ist nicht ein neues Wesen, das wie ein Schmetterling aus der Puppe schlüpft. Da ist noch sehr viel altes Wesen am Werk: Klugheit, Sorge und auch ein wenig Überlegenheit über den Bruder. Aber das Neue ist echt: Ich will wiedergutmachen, ich will mich aussöhnen. Und als sie einander umarmen, ist auch das Weinen echt.
Die Geschichte der Heimkehr endet mit dem Bau des Altars in Sichem und der Einlösung seines Gelübdes, das er in Bet-El einging: Wenn du mich wieder heimbringst, dann sollst du mein Gott sein. Jetzt nennt Jakob diesen Altar: Gott ist der

Gott Israels, ist mein Gott, der mich behütet und begleitet hat. Er denkt zurück an das Zelt seines Vaters und den Segen, den Gott ihm nicht entzogen hat, obwohl er gestohlen war, an die vielen Jahren der Heimatlosigkeit und Angst, der Liebe und des Hasses, an die Nacht des Todes und des Neuanfangs und an die Versöhnung mit Esau. Auch im Zurückschauen auf das eigene Leben ist es Gottes Güte und Treue gewesen, die mich am Leben gehalten hat. Das Nach-Denken mündet in ein Dankgebet: »Ich danke dir von ganzem Herzen. Ich danke dir, Herr, für deine Güte und Treue. Du hast mich erhört und gibst meiner Seele große Kraft. Wenn ich mitten in der Angst bin, hältst du mich am Leben. Deine Liebe hört niemals auf« (aus Psalm 138).

Ihm glückte alles

Der Träumer

Jakob liebte Josef mehr als seine anderen Söhne, weil er ihm erst im Alter geboren wurde. Er ließ ihm ein prächtiges Gewand machen. Die Brüder sahen, daß ihr Vater ihn lieber hatte als sie alle. Da fingen sie an, ihn zu hassen, und sprachen kein freundliches Wort mehr mit ihm.
Einmal hatte Josef einen Traum; den erzählte er seinen Brüdern. Da haßten sie ihn noch viel mehr. Josef erzählte: »Hört zu, was mir geträumt hat. Wir banden Garben auf dem Feld. Meine Garbe richtete sich auf und blieb stehen. Eure Garben stellten sich um meine Garbe herum und verneigten sich vor meiner Garbe.«
Seine Brüder sagten zu ihm: »Willst du König werden und über uns herrschen?« Und sie haßten ihn noch mehr.
Und Josef hatte noch einen zweiten Traum, den erzählte er ihnen auch: »Hört zu, ich habe noch einen Traum gehabt. Die Sonne, der Mond und elf Sterne verneigten sich vor mir.«
Als er diesen Traum seinem Vater und seinen Brüdern erzählte, ärgerte sich sein Vater und sagte: »Was soll dieser Traum? Glaubst du, daß ich und deine Mutter und deine Brüder vor dir niederfallen werden?«

Seine Brüder waren neidisch auf ihn. Sein Vater vergaß die Sache jedoch nicht. Einmal waren seine Brüder unterwegs mit den Herden des Vaters und weideten bei Sichem. Jakob sagte zu Josef: »Deine Brüder hüten das Vieh bei Sichem. Ich möchte, daß du zu ihnen gehst.«
Josef erwiderte: »Ich bin bereit!«
Jakob sagte: »Geh und schau nach, wie es deinen Brüdern und den Herden geht, und berichte mir darüber.«
Seine Brüder sahen ihn schon von ferne kommen. Da beschlossen sie, ihn zu töten. Sie sagten: »Seht, da kommt der Träumer. Auf jetzt, wir wollen ihn töten und in den Brunnen dort werfen. Wir werden sagen: ›Ein wildes Tier hat ihn gefressen.‹ Dann werden wir ja sehen, was aus seinen Träumen wird.«
Ruben wollte ihn retten und sagte: »Wir wollen kein Blut vergießen. Werft ihn in den Brunnen; aber tötet ihn nicht.« Er wollte ihn aus ihrer Hand retten und dann seinem Vater zurückbringen.
Als Josef nun zu seinen Brüdern kam, zogen sie ihm sein prächtiges Gewand aus, nahmen ihn und warfen ihn in den Brunnen; der war ohne Wasser. Dann setzten sie sich nieder und aßen. Als sie aufschauten, sahen sie eine Karawane von Ismaëlitern aus der Gegend von Gilead herkommen. Ihre Kamele trugen kostbare Harze nach Ägypten hinunter. Da sagte Juda zu seinen Brüdern: »Was nützt es uns, wenn wir unsren Bruder töten und die Bluttat verheimlichen? Kommt, wir verkaufen ihn den Ismaëlitern; er ist ja doch unser Bruder.« Seine Brüder hörten auf ihn. Und als die Kaufleute vorbeikamen, zogen sie Josef aus dem Brunnen und verkauften ihn an die Ismaëliter um 20 Silberstücke; die nahmen ihn mit nach Ägypten.
Als Ruben an den Brunnen kam, war Josef nicht mehr da. Er zerriß verzweifelt seine Kleider, kam zu seinen Brüdern und rief: »Der Knabe ist nicht mehr da! Was soll ich tun?«
Sie schlachteten einen Ziegenbock, holten das Gewand Josefs und tauchten es in das Blut. Dann ließen sie das Gewand ihrem Vater bringen und ihm sagen: »Das haben wir gefunden. Schau, ob es das Gewand deines Sohnes ist oder nicht.«
Jakob erkannte das Gewand und rief: »Es ist das Gewand meines Sohnes. Ein wildes Tier hat ihn gefressen. Josef ist tot.«

Jakob zerriß seine Kleider, legte als Zeichen der Trauer ein Ziegenfell an und trauerte lange Zeit um seinen Sohn. Seine Söhne und Töchter kamen, um ihn zu trösten; aber er wollte sich nicht trösten lassen. Er sagte: »In meiner Trauer werde ich selbst ins Totenreich hinabsteigen zu meinem Sohn.« So beweinte ihn sein Vater. Aber die Midianiter verkauften Josef in Ägypten an Potifar, einen Hofbeamten des Pharao, den Obersten der Leibwache.

Der Leibdiener

Josef war im Hause Potifars, des Ägypters. Und der Herr war mit ihm, so daß ihm alles glückte. Potifar sah, daß ihm Gott alles gelingen ließ, was er tat. Er machte Josef zu seinem Leibdiener und dann zum Hausverwalter über alles, was er hatte; so sehr vertraute er ihm. Von da an segnete Gott das Haus des Ägypters und seine Felder um Josefs willen. Sein Herr gab ihm alles in die Hand und kümmerte sich nur noch um sein Essen. Und Josef war schön von Gestalt und Aussehen. Potifars Frau sah Josef begehrlich an und sagte zu ihm: »Komm und schlaf mit mir.«

Josef aber weigerte sich und sagte zu ihr: »Mein Herr hat mir seinen ganzen Besitz anvertraut und kümmert sich um nichts mehr selbst im Haus. Er ist in diesem Haus nicht höher als ich. Er hat mir nichts vorenthalten außer dir, denn du bist seine Frau. Wie könnte ich ein so großes Unrecht tun und gegen Gott sündigen?«

Aber sie bedrängte Josef jeden Tag. Doch er hörte nicht auf sie und schlief nicht mit ihr.

Einmal kam Josef ins Haus, um seine Arbeit zu tun. Niemand von der Dienerschaft war im Haus. Da hielt sie ihn an seinem Gewand fest und sagte: »Komm jetzt und schlaf mit mir.«

Er aber riß sich los, ließ sein Gewand in ihrer Hand und lief hinaus. Sie rief sogleich die Dienerschaft herbei und sagte: »Seht her, da hat er uns diesen Hebräer ins Haus gebracht, damit er seinen Mutwillen mit uns treibt. Er kam zu mir herein, um mit mir zu schlafen. Ich aber habe laut geschrien. Als ich zu schreien anfing, lief er hinaus und ließ sein Gewand hier zurück.«

Und sie ließ das Gewand neben sich liegen, bis ihr Mann nach Hause kam. Dann erzählte sie ihm dieselbe Geschichte: der hebräische Knecht sei hereingekommen, um ihr Gewalt anzutun, und als sie geschrien habe, sei er geflohen und habe sein Gewand hier zurückgelassen.
Als Potifar das hörte, wurde er sehr zornig. Er ließ Josef festnehmen und ins königliche Gefängnis bringen.
Aber der Herr war mit Josef. Er gab es, daß Josef das Vertrauen des Gefängnisaufsehers gewann, der ihm bald die Aufsicht über alle Gefangenen übertrug. Alle Arbeiten im Gefängnis standen unter seiner Leitung. Der Aufseher kümmerte sich um nichts; alles geschah durch Josef. Und Gott stand ihm bei und ließ ihm alles gelingen, was er tat.

Der Stellvertreter

Zwei Jahre später hatte der Pharao einen Traum. Er stand am Nil und sah sieben schöne, fette Kühe aus dem Wasser steigen, die weideten im Schilfgras am Ufer. Danach stiegen sieben häßliche, magere Kühe aus dem Nil und kamen zu den andern. Und die häßlichen, mageren Kühe fraßen die sieben schönen, fetten Kühe auf.
Da wachte der Pharao auf. Er schlief wieder ein und hatte noch einen Traum. Sieben Ähren, schön und voll, wuchsen auf einem einzigen Halm. Danach sah er sieben Ähren aufwachsen, die der Ostwind ausgedörrt hatte. Und die sieben dürren Ähren verschlangen die sieben schönen, vollen Ähren. Der Pharao erwachte und merkte, daß es ein Traum war.
Als der Morgen kam, ließ er alle Wahrsager und Gelehrten Ägyptens zusammenrufen, denn er war sehr beunruhigt. Er erzählte ihnen seine Träume. Aber da war keiner, der sie deuten konnte. Da trat der Mundschenk vor den Pharao: »Ich muß heute an meine Verfehlungen erinnern. Mein Herr, der Pharao, war unzufrieden mit seinen Dienern und ließ mich und den obersten Bäcker ins königliche Gefängnis bringen. Wir hatten beide in der gleichen Nacht einen Traum, der uns betraf. Da war ein junger Hebräer bei uns, ein Diener des Obersten der Leibwache. Wir erzählten ihm unsre Träume, und er deutete sie uns. Und wie er sie gedeutet hat, so ist es eingetroffen. Mich hat

man wieder in mein Amt eingesetzt, den obersten Bäcker hat man gehängt.«
Sofort ließ der Pharao Josef rufen. Man holte ihn aus dem Gefängnis. Er ließ sich die Haare schneiden, zog andere Kleider an und kam zum Pharao. Der Pharao sagte zu Josef: »Ich habe einen Traum gehabt, und niemand kann ihn deuten. Man hat mir berichtet, daß du einen Traum nur zu hören brauchst und schon die Deutung weißt.« Josef antwortete: »Nicht ich, sondern Gott selbst wird dem Pharao Gutes ankündigen.«
Da erzählte ihm der Pharao seine Träume.
Josef sagte: »Beide Träume bedeuten das gleiche. Gott kündigt dem Pharao an, was er vorhat. Die sieben schönen Kühe und die sieben vollen Ähren bedeuten dasselbe: es sind sieben Jahre. Und die sieben mageren, häßlichen Kühe bedeuten genauso wie die sieben ausgedörrten Ähren sieben Jahre des Hungers. Das will Gott also tun und kündigt es dem Pharao an: Es werden sieben Jahre des Überflusses in Ägypten kommen und dann sieben Jahre des Hungers. Der Überfluß wird vergessen sein und der Hunger das Land schwer bedrücken. Daß der Pharao zweimal geträumt hat, bedeutet, Gott wird das ganz gewiß und sehr bald tun. Deshalb möge der Pharao einen klugen und umsichtigen Mann suchen und ihm Vollmacht über Ägypten geben. In den kommenden Jahren des Überflusses sollen Aufseher den fünften Teil der gesamten Ernte einziehen und das Getreide für den Pharao in den Städten sammeln und speichern. Dann wird für die sieben Hungerjahre in Ägypten genug Getreide vorhanden sein und das Land nicht am Hunger zugrunde gehen.«
Die Rede gefiel dem Pharao und seinen Beratern. Er sagte zu ihnen: »Finden wir einen solchen Mann, in dem Gottes Geist ist wie in diesem hier?«
Und zu Josef sagte er: »Gott hat dir dies alles kundgetan. Es gibt keinen, der so klug und umsichtig wäre wie du. Ich mache dich zu meinem Stellvertreter, und mein ganzes Volk soll dir gehorchen. Nur um meinen Thron will ich höher sein als du. Ich gebe dir Vollmacht über ganz Ägypten.«
So wurde Josef Herr über Ägypten. Er war 30 Jahre alt, als der Pharao ihn in sein Amt einsetzte.

In dieser spannenden und ausführlichen Geschichte von Jakobs Lieblingssohn Josef wird der Zuhörer, der mit Josef leidet und sich mit ihm freut, zu einer neuartigen Gotteserfahrung gebracht. Gott greift nicht mit wunderbaren Zeichen in das Weltgeschehen ein, sondern führt Böses und Gutes, was zwischen den Menschen geschieht, zu seinem guten Ende. Immer wieder wird an Gott erinnert, an seine Lebensordnung und an seine Treue. Der Held der Geschichte ist der kluge, bescheidene, fromme Mann, bei dem sich sogar der Hang zur Angeberei als Instrument der Wahrheit erweist. Er nimmt alles, was ihm begegnet, aus Gottes Hand und zweifelt nie daran, daß Gott bei ihm ist. Er setzt darum seine Klugheit auch ungeniert ein, um seine Lage zu verbessern. In einem ersten großen Kapitel geht es tief hinunter: in den Brunnen, nach Ägypten, ins Gefängnis. Und es geht hoch hinauf bis an die Seite Pharaos. Mit der Freude an der farbigen Erzählung wird ein tiefes Vertrauen in Gottes rettende Macht vermittelt. Das verbindet den Erzähler der Josefsgeschichten mit einem Dichter aus unsrer Zeit, der sein Lied in ein Gebet münden läßt: »Der du allein der Ewge heißt und Anfang, Ziel und Mitte weißt im Fluge unsrer Zeiten: bleib du uns gnädig zugewandt und führe uns an deiner Hand, damit wir sicher schreiten!« (Jochen Klepper, EKG 45,6). Das ist gerade auch dann eine notwendige Bitte, wenn sich nicht alles zum Guten wendet und wir Gottes Nähe von uns aus nicht erkennen können.

Gott hat es zum Guten gewendet

Sie erkannten ihn nicht

Als nun die sieben reichen Jahre um waren, fingen die Hungerjahre an, genau wie Josef es vorausgesagt hatte. In allen Ländern litten die Menschen Hunger, nur in Ägypten gab es Getreide. Als Jakob erfuhr, daß in Ägypten Getreide zu haben war, sagte er zu seinen Söhnen: »Worauf wartet ihr noch? Ich habe gehört, daß es in Ägypten noch Getreide gibt. Zieht dorthin und kauft Getreide für uns, damit wir am Leben bleiben und nicht umkommen.«

Da machten sich alle Brüder Josefs auf den Weg nach Ägypten. Nur Benjamin, den zweiten Sohn Rahels, ließ Jakob nicht mitgehen. Er hatte Angst, es könnte ihm etwas zustoßen. Weil in ganz Kanaan Hungersnot herrschte, zogen viele nach Ägypten hinab, und die Söhne Jakobs waren mitten unter ihnen.
Josef verwaltete das Land, und zu ihm mußten alle kommen, die Getreide kaufen wollten.
Als die Brüder Josefs kamen, warfen sie sich vor ihm auf die Erde. Josef erkannte sie sofort, ließ es sich aber nicht anmerken und behandelte sie wie Fremde. Er fuhr sie an: »Woher kommt ihr?«
Sie sagten: »Wir kommen aus Kanaan, um Getreide zu kaufen.« Sie erkannten Josef aber nicht.
Josef dachte daran, was er einst von ihnen geträumt hatte, und sagte: »Ihr seid Spione und wollt herausfinden, wo das Land ungeschützt ist.«
Sie antworteten: »O nein, Herr, wir sind nur hierhergekommen, um Getreide zu kaufen. Wir sind alle Brüder und ehrliche Leute. Wir sind keine Spione.«
Er aber sagte: »Nein, ihr wollt erkunden, wo das Land ungeschützt ist.«
Sie antworteten: »Wir sind zwölf Brüder und kommen aus Kanaan. Der Jüngste ist bei unsrem Vater geblieben, und einer ist nicht mehr da.«
Josef sagte: »Es ist, wie ich sage. Ihr seid Spione. Beim Leben des Pharao! Keiner von euch kommt hier fort, ehe nicht euer jüngster Bruder hier erscheint. Schickt einen von euch nach Hause, um ihn zu holen. Die andern bleiben im Gefängnis. Dann werden wir ja sehen, ob ihr die Wahrheit gesagt habt. Aber beim Leben des Pharao: Ihr seid doch Spione! Und Josef ließ sie ins Gefängnis bringen.
Am dritten Tag sagte er zu ihnen: »Hört zu. Ich will, daß ihr am Leben bleibt, denn ich ehre Gott. Wenn ihr ehrliche Leute seid, dann laßt einen von euch hier im Gefängnis. Ihr andern könnt heimziehen und das Getreide mitnehmen, damit eure Familien nicht Hunger leiden müssen. Wenn ihr euren jüngsten Bruder herbringt, will ich euch glauben und euch das Leben schenken.«

Damit waren sie einverstanden. Sie sagten zueinander: »Das ist die Strafe für das, was wir unsrem Bruder Josef angetan haben. Wir haben seine Todesangst gesehen und haben nichts getan, als er uns um Erbarmen anflehte. Deshalb sind wir jetzt selbst in diese Notlage geraten.«
Und Ruben sagte: »Ihr wolltet ja nicht hören, als ich sagte: ›Versündigt euch nicht an dem Knaben.‹ Jetzt werden wir dafür gestraft, daß er ums Leben kam.«
Sie merkten nicht, daß Josef sie verstand; denn er sprach durch einen Dolmetscher mit ihnen. Er wandte sich ab und weinte. Als er wieder zu ihnen trat, ließ er Simeon festnehmen und vor ihren Augen fesseln. Dann befahl er, ihre Säcke mit Getreide zu füllen und jedem das Geld, das er bezahlt hatte, wieder oben in den Sack zu legen. Er gab ihnen auch noch Verpflegung für die Reise mit. Als alles fertig war, luden die Brüder das Getreide auf die Esel und zogen fort. Sie kamen zu ihrem Vater Jakob nach Kanaan und erzählten ihm alles, was sie erlebt hatten.
Als sie die Säcke ausleerten, fand jeder seinen Beutel mit dem Geld. Sie sahen es, und ihr Vater sah es auch, und sie erschraken.
Jakob sagte: »Ihr nehmt mir meine Kinder. Josef ist nicht mehr da. Simeon ist nicht mehr da. Und jetzt wollt ihr mir auch noch Benjamin wegnehmen. Alles Unglück kommt über mich.«

Sie warfen sich vor ihm nieder

Die Hungersnot lastete auf dem Land. Als alles Getreide aufgebraucht war, das sie aus Ägypten mitgebracht hatten, sagte Jakob zu seinen Söhnen: »Zieht wieder hin und kauft noch einen Getreidevorrat. Der allmächtige Gott schenke, daß der Mann in Ägypten barmherzig zu euch ist und Simeon und auch Benjamin wieder mit heimziehen läßt. Ach, ich bin einer, der alle seine Kinder verliert.«
Die Brüder nahmen Geschenke und Geld mit und zogen mit Benjamin nach Ägypten zu Josef.
Als Josef Benjamin bei ihnen sah, befahl er seinem Hausverwalter: »Führe diese Männer ins Haus, schlachte und bereite ein Festmahl vor, sie sollen mit mir zu Mittag essen.«

Als Josef ins Haus kam, brachten sie ihre Geschenke und warfen sich vor ihm nieder.
Er begrüßte sie freundlich und fragte: »Wie geht es eurem alten Vater, von dem ihr mir erzählt habt? Lebt er noch?«
Sie antworteten: »Es geht deinem Diener, unsrem Vater, gut; er ist noch am Leben.«
Als Josef seinen Bruder Benjamin, den Sohn seiner Mutter, erblickte, fragte er: »Ist das euer jüngster Bruder, von dem ihr mir erzählt habt?«
Und er sagte zu Benjamin: »Gott segne dich, mein Sohn.«
Und Josef ging hinaus, denn er war tief bewegt von der Begegnung mit Benjamin. Er ging in eine seiner Kammern und weinte dort. Dann wusch er sich das Gesicht, sammelte sich und gab den Befehl, das Essen aufzutragen.
Man trug auf, und Josef saß an einem Tisch allein, an einem andern die Ägypter; die dürfen nämlich nicht mit den Hebräern gemeinsam essen, weil sie meinen, sie würden dadurch unrein.
Die Brüder saßen Josef gegenüber, genau ihrem Alter nach. Darüber wunderten sie sich sehr. Josef ließ ihnen genau dasselbe Essen reichen, das er auch zu sich nahm. Benjamin erhielt fünfmal so viel wie die andern Brüder. Sie tranken zusammen und wurden fröhlich.
Dann befahl Josef seinem Verwalter: »Füll die Säcke der Männer mit Getreide so voll wie möglich und leg das Geld wieder obenauf. In den Sack des Jüngsten legst du meinen Becher, den silbernen, und das Geld für das Getreide.«
Der Verwalter tat alles genau so, wie Josef befohlen hatte.
Früh am Morgen durften die Männer mit ihren Eseln wegziehen.
Sie waren noch nicht sehr weit von der Stadt entfernt, da befahl Josef seinem Verwalter: »Auf, jag ihnen nach, und wenn du sie eingeholt hast, sag ihnen: ›Warum habt ihr Gutes mit Bösem vergolten? Warum habt ihr den silbernen Becher gestohlen, aus dem mein Herr trinkt und die Zukunft voraussagt? Da habt ihr ein schweres Unrecht getan.‹«
Er holte sie ein und redete so mit ihnen.
Sie antworteten: »Warum redet unser Herr so mit uns? So

etwas würden wir niemals tun. Das Geld, das wir in unsren Säcken fanden, als wir nach Kanaan kamen, haben wir wiedergebracht. Wieso sollten wir aus dem Haus unsres Herrn Silber oder Gold stehlen? Wenn sich bei einem von uns der Becher finden sollte, dann muß er sterben. Wir andern aber wollen deine Sklaven sein.«
Der Verwalter sagte: »Gut, es soll so sein, wie ihr gesagt habt. Der, bei dem der Becher gefunden wird, sei mein Sklave. Die andern aber sind frei.«
Schnell luden sie ihre Säcke ab und öffneten sie. Der Verwalter durchsuchte alle, vom Ältesten an bis zum Jüngsten. Und er fand den Becher in Benjamins Sack.
Da zerrissen sie ihre Kleider, beluden ihre Esel und kehrten in die Stadt zurück.

Sie konnten nicht antworten

Juda ging mit seinen Brüdern in das Haus Josefs. Josef war noch dort. Sie warfen sich vor ihm auf die Erde. Josef aber herrschte sie an: »Wie konntet ihr so etwas tun? Ihr mußtet doch wissen, daß ein Mann wie ich dies sofort entdecken würde.«
Juda antwortete: »Was sollen wir sagen, wie können wir uns rechtfertigen? Gott hat die Schuld deiner Knechte aufgedeckt. Wir sind jetzt alle deine Sklaven, wir und der, bei dem der Becher gefunden wurde.«
Josef aber sagte: »So etwas will ich nicht tun. Nur der soll mein Sklave sein, bei dem der Becher gefunden wurde. Ihr aber könnt im Frieden zu eurem Vater heimkehren.«
Da trat Juda vor und sagte: »Herr, erlaube mir, etwas zu sagen, und sei nicht zornig, wenn ich es wage, zu reden. Wenn ich heimkomme zu deinem Diener, meinem Vater, und er sieht, daß ich den Knaben, an dem er so sehr hängt, nicht mitbringe, ist das sein sicherer Tod. Dann haben wir ihn in seinem Kummer ins Totenreich gebracht. Ich habe mich bei meinem Vater dafür verbürgt, daß ich den Knaben wiederbringe. Die ganze Schuld liegt dann auf mir. Deswegen will ich anstelle des Knaben hierbleiben als ein Sklave meines Herrn. Der Knabe aber soll mit seinen Brüdern heimkehren. Ich kann nicht ohne ihn

zurückgehen. Ich könnte den Jammer meines Vaters nicht mitansehen.«
Da konnte Josef nicht länger an sich halten. Er schickte alle Ägypter hinaus. Niemand sollte dabeisein, wenn er sich seinen Brüdern zu erkennen gab. Er fing an, laut zu weinen, daß es die Ägypter hörten und bald der ganze Hof des Pharao davon erfuhr. Er sagte zu seinen Brüdern: »Ich bin Josef. Lebt mein Vater noch?«
Seine Brüder konnten nicht antworten, so sehr erschraken sie.
Er sagte: »Kommt her.«
Und sie traten näher zu ihm heran.
Und er sagte wieder: »Ich bin Josef, euer Bruder, den ihr nach Ägypten verkauft habt. Erschreckt nicht und meint nicht, daß ich zornig bin, weil ihr mich hierher verkauft habt. Gott hat mich hierher gebracht, um euer Leben zu retten. Zwei Jahre dauert nun die Hungersnot. Und es kommen noch fünf Jahre, in denen man weder pflügen noch ernten kann. Deshalb hat mich Gott vorausgeschickt. Ihr sollt in diesem Land am Leben erhalten werden. Es ist Gottes Rettungswerk. Nicht ihr habt mich hierher gebracht, sondern Gott. Er hat es so gefügt, daß ich über Pharaos Haus gesetzt wurde und zum Gebieter über ganz Ägypten. Macht euch schnell auf den Weg zu meinem Vater und richtet ihm aus: ›Dein Sohn Josef läßt dir sagen: Gott hat mich zum Herrn über Ägypten gesetzt, komm hierher und zögere nicht. Du kannst im Land Goschen wohnen, ganz in meiner Nähe mit deinen Söhnen und Enkeln, mit deinen Viehherden und mit allem, was dir gehört. Ich will dich versorgen, damit du nicht mehr in Not kommst; denn die Hungersnot dauert noch fünf Jahre lang.‹ Ihr seht es doch mit euren eigenen Augen: Ich bin's, der mit euch redet. Erkennst du mich nicht, mein Bruder Benjamin? Erzählt meinem Vater alles, was ihr hier gesehen habt und von meiner hohen Stellung in Ägypten. Beeilt euch und bringt meinen Vater hierher.«
Dann umarmte Josef seinen Bruder Benjamin und weinte, und auch Benjamin weinte. Und er küßte unter Tränen alle seine Brüder und umarmte sie. Da erst fanden sie ihre Sprache wieder und konnten mit ihm reden.

Er redete freundlich mit ihnen

Die Brüder kamen zu ihrem Vater Jakob und berichteten ihm: »Josef lebt. Er ist der Herr über ganz Ägypten.«
Aber sein Herz blieb kalt; denn er glaubte ihnen nicht. Sie sagten ihm all das, was Josef ihnen aufgetragen hatte. Sie zeigten ihm auch die Wagen, die er mitgeschickt hatte, um ihn abzuholen.
Da lebte der Geist Jakobs wieder auf, und er sagte: »Josef lebt, das ist genug. Ich will hingehen und ihn sehen, ehe ich sterbe.«
Und Jakob brach auf mit allem, was ihm gehörte, und kam mit seiner ganzen Familie nach Ägypten. Er hatte Juda vorausgeschickt, damit Josef seine Ankunft in Goschen vorbereiten konnte. So kamen sie in das Land Goschen.
Josef hieß seinen Wagen anspannen und fuhr seinem Vater entgegen. Als er ihn sah, fiel er ihm um den Hals und weinte lange.
Jakob sagte: »Jetzt will ich gerne sterben, weil ich dich wiedergefunden habe und weiß, daß du lebst.«
Jakob lebte noch siebzehn Jahre in Ägypten, im Land Goschen, und wurde 147 Jahre alt. Als er seinen Tod herannahen fühlte, ließ er seinen Sohn Josef rufen und sagte zu ihm: »Tu mir die Liebe und begrabe mich nicht in Ägypten. Ich will bei meinen Vätern liegen und dort begraben werden.«
Josef versprach es ihm mit einem Schwur.
Da legte sich Jakob auf sein Lager zurück und starb. Als die Brüder Josefs sahen, daß ihr Vater gestorben war, sagten sie: »Was sollen wir tun, wenn Josef uns zurückzahlt, was wir ihm Böses angetan haben, und unser Feind wird?« Und sie ließen ihm sagen: »Dein Vater hat vor seinem Tod gesagt: ›Richtet Josef aus, er soll seinen Brüdern verzeihen und ihnen das Böse, das sie getan haben, nicht nachtragen.‹ Deshalb bitten wir beim Gott deines Vaters, dem auch wir dienen: Vergib uns unsre Missetat.«
Als Josef dies hörte, weinte er.
Seine Brüder kamen dann selbst zu ihm, warfen sich auf die Erde und sagten: »Wir wollen deine Knechte sein.«

Josef sagte zu ihnen: »Fürchtet euch doch nicht. Ich bin nicht an Gottes Stelle. Ihr habt Böses mit mir vorgehabt, aber Gott hat es zum Guten gewendet. Er hat das getan, was jetzt vor aller Augen ist, nämlich viele Menschen am Leben erhalten. Fürchtet euch also nicht. Ich will für euch und eure Kinder sorgen.«
So tröstete er sie und redete freundlich mit ihnen.

Das zweite große Kapitel der Josefsgeschichte beginnt am anderen Ende des Weges: dort, wo Josef herkommt, bei seiner Familie, und es führt die beiden Enden des Weges aufeinander zu, bis sie ein sinnvolles und heilvolles Ganzes ergeben: Gottes Rettungswerk. Es ist schon beeindruckend, mit welcher Konsequenz das menschliche Durcheinander und Gegeneinander in ein göttliches Zueinander und Füreinander hineinerzählt wird. Solch ein Erzählen ist eigentlich nur von hinten her, im Rückblick möglich. Die Geretteten können Gottes Macht preisen (s. bei »Mitten durchs Meer«, S. 162). Und Mose darf Gott »hinterdreinsehen« (s. bei »Hier kannst du stehen«, S. 169). So handelt Gott: Wir sehen ihn nicht. In dem, was uns begegnet, geht er vorüber. Aber er hält seine Hand über uns, so daß wir am Leben bleiben und auf festem Grund stehen können. Und als die am Leben Erhaltenen dürfen wir zurückschauen, nachdenken, bekennen und danken: »Gelobt sei deine Treue, die alle Morgen neue; Lob sei den starken Händen, die alles Herzleid wenden« (Paul Gerhardt, EKG 42,7). Und so trägt das »Fürchte dich nicht. Ich bin bei dir«, das Gott spricht, auch unser Leben und Sterben.

Lebenlernen in der Wüste

Ich bin da für euch

Im fremden Land

Ein neuer König übernahm in Ägypten die Herrschaft. Er wußte nichts mehr von Josef und sagte zu seinen Räten: »Seht her, die Israeliten sind zahlreicher und stärker als wir. Wir müssen sie mit aller Klugheit behandeln. Wenn sie noch zahlreicher werden, könnten sie sich im Kriegsfall auf die Seite unsrer Feinde schlagen und das Land erobern.«
Aufseher wurden eingesetzt, die sie mit Zwangsarbeit unterdrücken sollten. So mußten die Israeliten dem Pharao die Vorratsstädte Pitom und Ramses bauen. Je mehr sie unterdrückt wurden, desto zahlreicher wurden sie jedoch und breiteten sich aus, so daß die Ägypter das Grauen vor den Israeliten überkam.
Einmal kam ein Mann namens Mose gerade dazu, als ein Ägypter einen seiner hebräischen Landsleute schlug. Er schaute sich nach allen Seiten um, und als er sah, daß niemand in der Nähe war, erschlug er den Ägypter und verscharrte ihn im Sand.
Am nächsten Tag ging er wieder hinaus. Da sah er zwei Hebräer miteinander streiten. Er sagte zu dem, der im Unrecht war: »Warum schlägst du einen Landsmann von dir?«
Der aber erwiderte: »Wer hat dich zum Aufseher oder Richter über uns gemacht? Willst du mich auch umbringen, wie du den Ägypter umgebracht hast?«
Da bekam Mose Angst und dachte: Wie ist das nur bekannt geworden?
Als die Sache vor den Pharao kam, wollte er Mose töten lassen. Mose aber floh vor dem Pharao und kam in das Land Midian. Dort setzte er sich an einem Brunnen nieder. Der Priester in

Midian hatte sieben Töchter, die kamen, um Wasser zu schöpfen und die Schafe ihres Vaters zu tränken. Da kamen die Hirten und drängten sie weg. Mose stand auf und kam den Mädchen zur Hilfe. Er gab ihren Schafen zu trinken.
Als sie zu ihrem Vater Reguël heimkamen, fragte er: »Warum seid ihr heute schon so bald wieder da?«
Sie antworteten: »Ein Ägypter hat die Hirten verjagt, die uns vom Brunnen wegdrängten; dann hat er Wasser geschöpft und selbst die Schafe getränkt.«
Er fragte seine Töchter: »Wo ist der Mann? Warum habt ihr ihn draußen stehen lassen? Holt ihn und ladet ihn ein, mit uns zu essen.«
Mose kam und willigte ein, bei Reguël zu bleiben. Der gab ihm seine Tochter Zippora zur Frau. Als sie einen Sohn zur Welt brachte, nannte Mose ihn Gerschom, was »Gast in der Fremde« heißt; denn Mose sagte: »Ein Gast bin ich im fremden Land.«

An einem heiligen Ort

Mose hütete die Schafe seines Schwiegervaters, des Priesters von Midian. Er trieb die Herde weit durch die Steppe, bis er an den Gottesberg Horeb kam. Da erschien ihm der Engel des Herrn in einer Feuerflamme, mitten aus einem Dornbusch. Mose sah, daß der Dornbusch brannte ohne zu verbrennen. Er sagte: »Diese erstaunliche Erscheinung will ich mir aus der Nähe ansehen. Warum verbrennt der Busch nicht?«
Als Gott ihn kommen sah, rief er ihm aus dem Dornbusch zu: »Mose, Mose!«
Er antwortete: »Hier bin ich.«
Und Gott sagte: »Komm nicht näher. Zieh deine Schuhe aus. Du stehst an einem heiligen Ort.« Und dann sagte er: »Ich bin der Gott deiner Väter, der Gott Abrahams und Isaaks und Jakobs.«
Da verhüllte Mose sein Gesicht; denn er fürchtete sich, Gott anzuschauen.
Gott sagte: »Ich habe das Elend meines Volkes in Ägypten gesehen und den Aufschrei gegen ihre Unterdrücker gehört.

Ich kenne ihre Leiden. Ich bin gekommen, um sie aus der Hand der Ägypter zu befreien. Und nun höre: Du sollst hingehen und mein Volk, die Kinder Israels, aus Ägypten herausführen.«
Mose aber antwortete: »Wer bin denn ich, daß ich zum Pharao gehen und die Israeliten aus Ägypten herausführen könnte?«
Gott sagte: »Ich will mit dir sein. Das soll dir ein Zeichen sein, daß ich dich gesandt habe: Wenn du mein Volk aus Ägypten geführt hast, werdet ihr mir hier an diesem Berg Opfer darbringen.«
Mose sagte: »Wenn ich nun zu den Israeliten komme und sage: ›Der Gott eurer Väter schickt mich‹, dann werden sie sagen: ›Wie ist sein Name?‹ Was soll ich ihnen darauf antworten?«
Gott sagte: »Ich bin der Ich-bin-da-für-euch! Das sollst du den Israeliten sagen: Der Ich-bin-da-für-euch hat mich zu euch gesandt, der Herr. Das ist der Gott eurer Väter, der Gott Abrahams und Isaaks und Jakobs. Er hat zu mir gesagt: ›Ich habe alles genau gesehen, was euch die Ägypter angetan haben. Darum habe ich beschlossen, euch aus dem Land eures Elends herauszuführen. Ich bringe euch in das Land der Kanaaniter, Hetiter, Amoniter, Perisiter und Jebusiter. Das ist das Land, in dem Milch und Honig fließt.‹«
Doch Mose erwiderte: »Ach, Herr! Ich habe noch nie gut reden können und kann es auch jetzt nicht, wo du mit mir sprichst. Ich habe eine schwerfällige Sprache und bin unbeholfen im Reden.«
Der Herr antwortete: »Wer hat dem Menschen den Mund geschaffen? Wer macht ihn stumm oder taub, sehend oder blind? Bin ich's nicht, der Herr, der das tut? So geh jetzt. Ich will bei dir sein und dir sagen, was du reden sollst.«
Doch Mose antwortete: »Herr, sende, wen du willst, nur mich nicht.«
Da wurde der Herr zornig und sagte: »Ich weiß doch, daß dein Bruder Aaron aus dem Stamm Levi gut reden kann. Er ist schon unterwegs zu dir und wird sich freuen, wenn er dich wiedersieht. Sag ihm alles, was zu sagen ist. Ich will dir und ihm helfen, die richtigen Worte zu finden, und ich werde euch sagen, was ihr tun sollt.«

Wer ist eigentlich Gott und wie erfährt man etwas von ihm? Darauf antwortet unsre Geschichte: Gott ist der Liebhaber der Menschen. Er »sieht das Elend«, »kennt das Leiden«, »hört das Seufzen« der Menschen. Und er will »aus dem Elend befreien«, »herausführen« und »retten«. Faßt man dies zusammen, dann kommt sein Name dabei zum Vorschein, der eigentlich kein Name, sondern eine Liebeserklärung an die Menschen ist: Ich will für euch dasein. Und wie erfahren die Menschen diesen Gott? Die Erzählung von Mose und den Israeliten in Ägypten ist dafür ein Beispiel. Mose ist ein Mörder, der steckbrieflich gesucht wird und sich im Ausland verborgen hält. Dort findet ihn »die Stimme«, die schon Abraham oder Jakob oder Josef gefunden und angesprochen hat, die Stimme der Liebe: Ich will dich behüten. Ich begleite dich. Ich werde dir helfen.
Nach langem Widerstand macht Mose sich auf den Weg, das zu tun, was Gott will: Leben erhalten und Menschen aus der Unterdrückung befreien. So und nur so erfahren wir Gottes »Namen« als befreiende, rettende Wahrheit. Wir leben »im fremden Land«, bis Gottes Stimme einen »heiligen Ort« in uns schafft, den Ort des Gesprächs über die Liebe: Willst du mir vertrauen und als der Bote des »Ich-bin-da-für-euch« tun, was jetzt nötig ist? Ich kann dich brauchen! Wo Menschen sich in den Dienst der göttlichen Liebe rufen lassen, verändert sich die Welt: Es beginnt der weltweite Auszug aus der Unterdrückung und Angst in das Land der Freude und des Friedens.

Mitten durchs Meer

Dem König von Ägypten wurde gemeldet, daß die Israeliten fortgezogen seien. Da änderte sich die Einstellung des Königs und seiner Räte und sie sagten: »Warum haben wir den Israeliten erlaubt, wegzuziehen? Jetzt werden sie nicht mehr für uns arbeiten.«
Er ließ alle Streitwagen anspannen und das Heer ausrücken, auch die Sechshundert, seine persönliche Truppe, mit drei Kämpfern auf jedem Wagen. Und Gott gab dem Pharao einen

solchen Starrsinn, daß er den Israeliten nachjagte, die doch im guten Glauben aufgebrochen waren. Die Ägypter verfolgten die Israeliten mit ihrer gesamten Streitmacht und holten sie ein, als sie am Meer bei Pi-Hahirot gegenüber von Baal-Zefon Rast machten.
Die Israeliten sahen den Pharao mit den Ägyptern herankommen und gerieten in große Angst. Sie riefen Gott um Hilfe an und sagten zu Mose: »Es gab wohl keine Gräber für uns in Ägypten, daß du uns hierherführen mußtest, damit wir in der Wüste sterben? Wir haben es dir schon in Ägypten gesagt: ›Laß uns in Ruhe.‹ Wir wollen lieber den Ägyptern dienen. Es ist besser, ihre Sklaven zu sein, als in der Wüste zu sterben.«
Mose antwortete ihnen: »Fürchtet euch nicht. Bleibt standhaft und seht, wie euch der Herr heute helfen wird. So wie ihr die Ägypter jetzt noch vor euch seht, werdet ihr sie nie mehr sehen. Der Herr wird für euch kämpfen, ihr könnt deshalb ganz ruhig sein.«
Da streckte Mose seine Hand aus über das Meer. Und der Herr ließ die ganze Nacht hindurch einen starken Ostwind wehen, der das Meer trockenlegte und das Wasser auseinandertrieb. Da gingen die Israeliten mitten durchs Meer auf trockenem Boden, während das Wasser zu beiden Seiten wie eine Mauer stehen blieb.
Die Ägypter folgten ihnen, die ganze Streitmacht, alle Wagen und das ganze Heer. Und der Herr sagte zu Mose: »Streck deine Hand über das Meer aus, dann wird das Wasser zurückkommen und die ägyptischen Streitwagen und das ganze Heer unter sich begraben.«
Mose streckte seine Hand über das Meer aus. Und als es Tag wurde, strömte das Wasser zurück, während die Ägypter ihm geradewegs entgegenflohen. So stürzte der Herr sie mitten ins Meer und rettete an diesem Tag die Israeliten aus der Hand der Ägypter.

Die erste Erfahrung auf dem Weg in die Freiheit ist zugleich eine grundlegende, die sich immer wieder einstellen wird: Bedrohung und Angst. Da möchte man gerne wieder in die alten Bindungen und Abhängigkeiten zurückkehren, weil sie gegenüber der völligen Ungesichertheit jetzt doch noch sicherer erscheinen. Jeder, der schon einmal aufgebrochen und ausgezogen ist, kennt den Gedanken »Ich will zurück«, der sehr stark ist und den Gedanken »Ich will vorwärts« fast erstickt. Die Antwort Moses heißt: »Seid ruhig! Gott will für euch dasein, das ist sein Name, sein Versprechen. Lauft jetzt nicht weg, lauft ihm nicht weg.« Und dann ereignet sich das Wunder, daß sie festen Boden unter die Füße bekommen und trockenen Fußes mitten durch das Meer gehen können. Und die drohenden Wasser stehen wie Mauern; sie können ihnen nicht schaden, solange sie Gott vertrauen. Diese Erfahrung wird auch in der Geschichte von Jesus anschaulich (s. bei »Sie weckten ihn«, S. 47f.), der die drohende Gewalt des Meeres mit seinem Vertrauen zu Gott bannt. Der »Ich-bin-da-für-euch« befreit immer wieder aus Bedrohung und Angst, so die Israeliten einst auf ihrem Weg, so auch die Jünger im Sturm, und so uns in Verzweiflung und Einsamkeit. »Befiehl du deine Wege und was dein Herze kränkt der allertreusten Pflege des, der den Himmel lenkt. Der Wolken, Luft und Winden gibt Wege Lauf und Bahn, der wird auch Wege finden, da dein Fuß gehen kann« (Paul Gerhardt, EKG 294,1).

Jeden Morgen

Die Israeliten zogen von Elim weiter in die Wüste Sin, die zwischen Elim und dem Sinai liegt. Am 15. Tag des zweiten Monats nach ihrem Aufbruch in Ägypten kamen sie dorthin. Und die ganze Gemeinde der Israeliten begehrte dort in der Wüste auf gegen Aaron und Mose: »Hätte Gott uns doch in Ägypten sterben lassen. Da saßen wir an den Fleischtöpfen und hatten genug Brot zu essen. Ihr habt uns in die Wüste geführt, damit wir hier alle verhungern sollen.«
Mose und Aaron antworteten der ganzen Gemeinde: »Noch

Jenseits der festen Mauern beginnt die Wüste. Hier ist noch Wasser und Leben, dort nur Einsamkeit und Gefahr. Schon der Blick hinaus in die Unwegsamkeit und den undurchsichtigen Himmel macht Angst. Dorthin aber muß Mose das Volk der Israeliten führen, fort aus Ägypten und bis in das Land der Verheißung. Diese Lebensreise eines ganzen Volkes wird begleitet von der Zusage Gottes: Ich will für euch dasein! Erst im Unterwegssein und im Vertrauen auf diese Zusage erfahren die Menschen, daß das wahr ist und daß sie den Tod nicht mehr zu fürchten brauchen.

heute abend werdet ihr erfahren, daß Gott selbst es war, der euch aus Ägypten geführt hat. Und morgen früh werdet ihr die Herrlichkeit Gottes sehen. Gott hat euer Aufbegehren wohl vernommen; es ist ja gegen ihn und nicht gegen uns gerichtet; denn wer sind wir schon?«
Am Abend kamen Wachteln und ließen sich im Lager nieder. Und am Morgen lag Tau rings um das Lager. Als der Tau weg war, lag etwas Feines, Rundes auf der Erde, das aussah wie Reif.
Die Israeliten sahen das und fragten einander: »Man hu? Was ist das?« Denn sie wußten nicht, was es war.
Mose sagte zu ihnen: »Das ist das Brot, mit dem euch der Herr am Leben erhalten wird. So lautet sein Befehl: ›Sammelt so viel davon ein, wie ihr braucht, jede Zeltgemeinschaft nach ihrer Zahl, für jeden einen Krug voll.‹«
Die Israeliten gingen und sammelten, der eine mehr, der andere weniger.
Mose sagte: »Niemand soll etwas davon übriglassen für den nächsten Tag.« Einige hörten nicht auf ihn und bewahrten etwas für den nächsten Tag auf. Am Morgen war es voll Maden und stank. Da wurde Mose zornig. Jeden Morgen sammelten sie, was jeder zum Essen brauchte. Wenn aber die Sonne höherstieg, zerschmolz es. Die Israeliten nannten es Manna. Es war weiß wie Koriandersamen und schmeckte süß wie Honig.

Zwei Beobachtungen können zeigen, wie Gott, der »Ich-bin-da-für-euch«, ans Werk geht: Zum einen bedient er sich dazu der Erfahrung der Menschen. Mose kannte sich in der Wüste aus. Er hatte lange Zeit da gelebt und überlebt. Zum andern will Gott täglich neu begegnen; nichts darf zwischen ihm und den Menschen sein, was diese Verbindung schwächen könnte. Die Israeliten sollen keinen Vorrat anlegen, sondern jeden Morgen von neuem erkennen, daß Gott es ist, der sie am Leben erhält.
Zum »Liebeswerk« der Lebenserhaltung gehört also immer beides: die eigenen Kenntnisse und Erfahrungen und das täglich neue Empfangen des Lebens aus Gottes guter Hand. Wir sind ja sehr schnell dabei, beides voneinander zu trennen. Wir

legen »Vorräte« an und wissen dann schon selber Bescheid über uns, über andere, über Gott. Und wir merken kaum, wie schnell das »stinkt« und nicht mehr der Lebenserhaltung dient. Oder wir achten nicht auf das, was wir können und lernen sollten. Dann stehen wir »leer« da und können einander nicht raten oder weiterhelfen. Gott will unsre Gaben und Kenntnisse nutzen – und Gott will der Geber bleiben, damit der Weg durch die Wüste auch ans Ziel führt. Beides zusammen aber kann unser Leben sinnvoll und reich machen.

Ich habe dich befreit

Genau am ersten Tag des dritten Monats nach ihrem Auszug aus Ägypten kamen die Israeliten in die Wüste Sinai. Sie waren in Refidim aufgebrochen; nun schlugen sie ihr Lager in der Nähe des Berges im Sinai auf. Und Mose stieg hinauf zu Gott.
Dort gab ihm Gott alle diese Gebote:

Ich bin der Herr, dein Gott. Ich habe dich aus der Sklaverei in Ägypten befreit. Du brauchst keine anderen Götter neben mir.

Du mußt dir kein Gottesbild anfertigen und auch kein Abbild machen von irgend etwas im Himmel oder auf der Erde oder unter der Erde. Unterwirf dich keinen fremden Göttern und diene ihnen nicht. Ich, der Herr, will euer Vertrauen zu mir mit keinem teilen. Wer mich zurückweist, macht sich schuldig. Die Strafe kommt über ihn und seine Kinder, Enkel und Urenkel. Wer mir vertraut und meinen Geboten folgt, dem will ich gnädig sein und Tausenden von Generationen nach ihm Gutes tun.

Mißbrauche den Namen des Herrn, deines Gottes, nicht. Der Herr wird den strafen, der ihn mißbraucht.

Denke an den Sabbattag und halte ihn heilig. Sechs Tage hast du Zeit zur Arbeit. Der siebte Tag jedoch ist Gottes Ruhetag. Da soll niemand arbeiten, weder du noch deine Kinder oder deine Knechte und Mägde, weder dein Vieh noch der Fremde, der bei dir ist. In sechs Tagen hat Gott den Himmel, die Erde, das Meer und alles, was lebt, geschaffen. Am siebten Tag aber ruhte er. Deshalb hat er den Sabbat gesegnet und ihn zu seinem Tag bestimmt.

Halte deinen Vater und deine Mutter in Ehren; dann wirst du lange leben in dem Land, das dir der Herr, dein Gott, gibt.

Töte niemand.

Zerstöre die Ehe nicht.

Nimm keinem die Freiheit oder sein Eigentum.

Sag nichts Unwahres über den andern.

Versuche nicht, dir anzueignen, was einem andern gehört, weder sein Haus noch seine Frau, weder seinen Knecht noch seine Magd, weder sein Rind noch seinen Esel noch sonst irgend etwas, das dem andern gehört.

Das trägt also wie eine Grundmelodie alle Gebote, die Mose im Auftrag Gottes weitergibt: »Ich bin dein Gott: ich habe dich befreit!« Gottes Name hat sich im Leben Israels bewahrheitet; kein anderer soll dazwischentreten. Wie radikal Gottes Liebe und Zuwendung ist, zeigen die zehn Grundregeln für das Zusammenleben seines Volkes. Ernst Lange hat sie »die zehn großen Freiheiten« genannt, mit denen Leben möglich wird: frei von dunklen Mächten, frei von bannender Fantasie, frei vom Zwang zur Macht, frei vom Druck der Leistung, frei vom Kampf zwischen den Generationen, frei vom Haß, frei vom Neid der Geschlechter, frei vom Habenmüssen, frei vom Leben auf Kosten anderer und frei von zerstörenden Wünschen. Und jeder kann das für sich als Freiheit für ... durchdenken, zu der uns Gott ermutigt. Dazu hat Jesus Anleitung gegeben (s. bei »Ich sage es euch neu«, S. 37ff.). Und er hält es für eine selige Freiheit, ganz angewiesen zu sein auf Gottes täglich neues »Ich will bei dir sein«. Das gibt Lebensmut und macht getrost. An die Stelle des bedrohenden »Du sollst, du mußt ...« dürfen wir setzen: »Du hast das nicht nötig, denn

Gott hält dich fest und bringt dich ans Ziel.« »Wohlauf, mein Herze, sing und spring und habe guten Mut! Dein Gott, der Ursprung aller Ding, ist selbst und bleibt dein Gut« (Paul Gerhardt, EKG 230,13).

Sie setzten sich

Die Israeliten warteten im Lager auf Moses Rückkehr vom Berg. Als es ihnen zu lang dauerte, kamen sie zu Aaron und sagten: »Mach uns einen Gott, der uns führen kann. Wir wissen nicht, was diesem Mose zugestoßen ist, der uns aus Ägypten geführt hat.«
Aaron antwortete: »Nehmt die goldenen Ohrringe ab, die eure Frauen, Söhne und Töchter tragen, und bringt sie mir.«
Da nahmen sie ihre goldenen Ohrringe ab und brachten sie zu Aaron. Er formte aus dem Gold ein Stierbild. Und sie riefen: »Das ist dein Gott, Israel, der dich aus Ägypten geführt hat.«
Als Aaron das hörte, baute er vor dem Stierbild einen Altar und ließ bekanntgeben: Morgen findet ein Fest zu Ehren des Herrn statt.
Früh am Morgen standen die Israeliten auf, brachten Tiere zum Brandopfer und bereiteten ein Dankopfer zu. Dann setzten sie sich, um zu essen und zu trinken. Und es begann ein wildes Treiben.

Immer wieder taucht ein solcher Wunsch auf bei Menschen, die unterwegs sind und nicht wissen, wie es weitergehen soll: Ich brauche jemand, der mir den Weg zeigt, einen Führer, einen Guru, einen Wegweiser; auch einen Gott, aber einen zum Anfassen. Die Israeliten haben einfach Angst, so ganz allein mitten in der Wüste und von Feinden umgeben. Jeder weiß: »es ist absolut unmöglich, nach einer Orientierungsmarke zu segeln, die wir an den Bug unsres eigenen Schiffes genagelt haben« (Donald MacKay), und doch machen wir uns immer wieder solche sinnlosen Götter selbst aus dem Gold unsrer Wünsche und Ängste. Und wir bringen das Vertrauen zu Gottes unsichtbarer Gegenwart nicht auf. Darum hat Jesus zu seinen Jüngern gesagt: »Wer mich sieht, der sieht den, der mich gesandt hat. Deshalb bin ich ja bei euch als das Licht. Keiner muß im Dunkel bleiben, der mir vertraut« (Johannes 12,45.46). Jesus aus Nazaret ist der Mensch, der mit uns geht und mit uns leidet, der aber nie das Ziel der göttlichen Liebe aus dem Blick verloren hat. Bei ihm bekommt das Unterwegssein in der Wüste des Lebens eine klare Richtung: Gott wartet im Nächsten auf uns. »Was ihr dem getan habt, das habt ihr Gott getan« (Matthäus 25,40). Mitten in der Wüste wächst das heilige Land Gottes; da sind wir am Ziel.

Hier kannst du stehen

Mose bat den Herrn: »Laß mich deine Herrlichkeit sehen!«
Gott antwortete: »Ich will mit all meiner Güte an dir vorüberziehen und will meinen Namen ausrufen lassen: Der Herr! Ich schenke meine Gnade, wem ich sie schenken will, und mein Erbarmen, wem ich will. Aber mein Angesicht kannst du nicht sehen; denn keiner wird am Leben bleiben, der mich sieht.
Sieh her, da ist ein Raum bei mir; hier auf dem Felsen kannst du stehen. Wenn meine Herrlichkeit vorüberzieht, will ich dich hier in diesen Felsspalt stellen; und meine Hand halte ich über dir, bis ich vorüber bin. Dann will ich meine Hand wegnehmen und du darfst hinter mir hersehen. Aber mein Angesicht kann niemand sehen.«

Woher können Menschen die Gewißheit nehmen, daß ihr Leben sinnvoll ist? Sie müssen das lernen; und dazu haben sie ihr Denk- und Erinnerungsvermögen. Wir erzählen einander, was uns heute passiert ist. Und während wir erzählen, finden wir in dem Geschehenen einen Sinn und versuchen zu deuten, was daran für uns wichtig war. So fügen wir einen Erfahrungsstein auf den andern, bis da ein Haus der Erinnerung steht, in dem wir wohnen können. Und dieses Haus des Lebens ist Gottes Werk, sagt die Geschichte von Mose, der Gott sehen wollte. Er kann Gott nicht sehen; aber er darf hinterhersehen. Vertrauen ist zuerst ein Hinterhersehen und -sagen: Ich lebe noch. Gottes Hand war auf mir. Er hat mich behütet und gerettet.

Wenn wir so deuten, was uns widerfahren ist, dann entsteht Hoffnung. Wir denken und vertrauen dann nach vorne, in den nächsten, unbekannten Tag hinein: Gott will mir den Felsspalt zeigen, wo ich leben und überleben darf. Gott hat einen Raum für mich, wenn ich sterbe. Er trägt mein Leben. »All Morgen ist ganz frisch und neu des Herren Gnad und große Treu; sie hat kein End den langen Tag, drauf jeder sich verlassen mag« (EKG 336,1).

Tun, was alle tun

Wir wollen einen König

Sein wie alle andern

Die Ältesten Israels kamen zusammen und gingen zu Samuel nach Rama. Sie sagten zu ihm: »Du bist alt geworden, und deine Söhne leben nicht nach deinem Vorbild. Gib uns einen König, wie ihn alle Völker haben; der soll bei uns Recht sprechen.«
Samuel gefiel es gar nicht, daß sie einen König haben wollten. Er betete zum Herrn, und der antwortete ihm: »Tu, was sie verlangen. Sie lehnen ja nicht dich, sondern mich damit ab. Ich soll nicht mehr König über sie sein. Seit ich sie aus Ägypten herausgeführt habe, wenden sie sich ab von mir und dienen andern Göttern. Tu also, was sie verlangen. Aber warne sie vor dem König und zähle ihnen alle Rechte auf, die er über sie hat.«
Samuel tat, was ihm der Herr aufgetragen hatte. Er sagte zum Volk: »Das ist Königsrecht: Er wird eure Söhne holen, daß sie für seine Pferde und Wagen sorgen und vor ihm herlaufen, wenn er ausfährt. Sie werden ihm als Hauptleute und Offiziere dienen. Sie sollen seine Äcker bearbeiten und ihm die Ernte einbringen. Sie müssen Waffen und Streitwagen herstellen. Eure Töchter müssen für ihn Salben zubereiten, kochen und backen. Die besten Äcker, Weinberge und Ölbaumfelder wird er euch wegnehmen und seinen Beamten geben. Den zehnten Teil eurer Ernte von Korn und Wein wird er für seine Räte und Diener fordern. Eure Knechte und Mägde, eure besten Rinder und Esel müssen für ihn arbeiten. Ihr alle werdet seine Knechte sein. Wenn ihr dann jammern werdet vor Gott über den König, den ihr jetzt fordert, dann wird der Herr euch nicht erhören.«

Aber das Volk wollte nicht auf Samuel hören. Sie riefen: »Nein, wir wollen einen König. Wir wollen sein wie alle andern Völker auch. Unser König soll Recht sprechen und vor uns herziehen im Krieg.«
Samuel sagte alles, was er gehört hatte, dem Herrn.
Und der Herr antwortete: »Gehorche ihnen und setze einen König über sie ein.«
Da entließ Samuel die Ältesten Israels und sagte zu ihnen: »Es gehe jetzt jeder nach Hause.«

Der Herr erwählt

Samuel rief das Volk zusammen nach Mizpa zum Heiligtum. Er sagte zu den Israeliten: »Der Herr, der Gott Israels, hat euch aus Ägypten geführt und euch aus der Gewalt der Ägypter und aller Könige, die euch bedrängt haben, gerettet. Heute habt ihr euch von ihm losgesagt und verlangt, daß ich einen König über euch einsetze. Tretet also nun vor den Herrn, geordnet nach Stämmen und Sippen.«
Samuel ließ die Ältesten der Stämme vortreten und befragte den Herrn durch das Los. Es fiel auf den Stamm Benjamin. Dann traten die Sippenältesten des Stammes Benjamin heran. Das Los fiel auf die Sippe Matris. Unter den Männern Matris fiel es auf Saul, den Sohn Kischs. Sie wollten ihn holen, aber er war nirgends zu finden.
Sie befragten den Herrn: »Sind gar nicht alle Männer hergekommen?«
Und der Herr antwortete: »Seht nach, er hat sich im Lager versteckt.«
Sie liefen hin und holten ihn. Als er unter das Volk trat, konnte man sehen, daß er einen Kopf größer war als sie alle.
Samuel sagte zum Volk: »Da ist er, den der Herr erwählt hat. Seht her: Keiner im Volk ist wie er!«
Da brach Jubel aus und sie riefen: »Es lebe der König!«
Samuel gab die Rechte des Königs bekannt. Sie wurden aufgeschrieben und im Heiligtum des Herrn aufbewahrt. Dann entließ Samuel das Volk. Auch Saul ging heim nach Gibea, begleitet von denen aus dem Heer Israels, die Gott willig gemacht hatte.

Das Volk Israel will »sein wie alle andern Völker auch«: Könige sollen regieren, Kriege führen und für Recht sorgen. Saul ist einer von ihnen, David und Salomo. Sie bauen ihre Paläste und Schlösser, ihre Städte und Burgen wie alle andern auch als Zeichen ihrer Macht. Und doch ist hier etwas anders als bei andern Völkern: Sie müssen ihr Tun vor Gott verantworten. Auch für den König gilt: Wenn du tust, was Gott will, wirst du leben.

Einige Leute aber sagten ohne alle Ehrfurcht: »Was soll der uns helfen?«
Sie verachteten ihn und brachten ihm kein Geschenk.
Aber Saul sagte nichts dazu.

Gehorcht dem Herrn

Samuel sagte zu den Männern Israels, die er versammelt hatte: »Ich habe getan, was ihr verlangt habt, und einen König über euch eingesetzt. Nun wird der König vor euch herziehen; ich aber bin alt geworden. Jetzt ist nur eines wichtig, daß ihr dem Herrn gehorcht und auf seine Stimme hört. Folgt dem Herrn, ihr und der König, der über euch herrscht. Wenn ihr aber nicht auf seine Stimme hört und ihm den Gehorsam verweigert, dann wird sich der Herr gegen euch wenden, wie er das auch bei euren Vorfahren getan hat. Der Herr aber bleibt sich treu, er wird euch nicht verstoßen. Er hat beschlossen, euch zu seinem Volk zu machen. Auch ich will nicht aufhören, für euch zu beten und euch den guten und richtigen Weg zu zeigen. Ich würde mich ja versündigen, wenn ich das nicht mehr tun würde. Bleibt ihr aber in der Ehrfurcht vor dem Herrn und dient ihm treu und mit ungeteiltem Herzen. Denkt daran, welch große Dinge er für euch getan hat. Wenn ihr aber gegen seinen Willen handelt, werdet ihr samt eurem König zugrunde gehen.«

Es gibt zwei Gründe, warum uns diese alten Geschichten aus Israel nicht gleichgültig sein können: Einmal hat es Gott gefallen, sich dieses Volk auszusuchen, durch das sein Segen zu allen Völkern kommt: das Volk, aus dem Jesus kommt. Und zum andern wird gerade in den Ereignissen um das Königtum in Israel deutlich, was es für jeden Menschen bedeutet, Gottes Schöpfermacht und Liebe für sich in Anspruch zu nehmen. Wer das will, der hat einen neuen Maßstab für alle Entscheidungen seines Lebens: Hilft das, was ich jetzt tun will, zur Erhaltung des Lebens oder nicht?
Das klingt gut und leicht und ist doch oft so schwer zu beantworten; denn es ist ja nicht einfach nur mein eigenes Leben gemeint, sondern immer auch das Leben des andern. In beruf-

lichen oder politischen Fragen kann uns dieser Maßstab auch helfen, Gehorsam oder Pflicht gegenüber Vorgesetzten oder dem Staat nicht als das Letzte anzusehen, sondern dem Gehorsam gegen Gott unterzuordnen. Dabei haben viele Menschen schon den »guten und richtigen Weg« entdeckt, der sie »große Dinge« sehen ließ: Freiheit, Gerechtigkeit und neues Leben, also das, was Segen Gottes, Geschenk Gottes ist. Aber unser Herz ist ängstlich und braucht die Ermutigung, so wie Israel und sein König das Gebet und die Predigt Samuels. Je mehr Macht einer besitzt, desto mehr ist er auf solche Ermutigung zum Gehorsam angewiesen. Im Gebet des Königs Salomo heißt es: »Herr, gib mir ein gehorsames Herz, damit ich verstehe, was gut und was böse ist« (1. Könige 3,9). Diese Bitte erfüllt Gott gewiß.

Der Herr sieht das Herz an

Der Herr sagte zu Samuel: »Wie lange willst du noch traurig sein wegen Saul? Ich habe ihn verworfen; er soll nicht mehr König über Israel sein. Füll dein Horn mit Salböl und mach dich auf den Weg nach Betlehem zu Isai. Unter seinen Söhnen hab ich einen zum König ausersehen.«
Samuel sagte: »Wie soll ich das denn machen? Wenn Saul es erfährt, bringt er mich um.«
Der Herr antwortete: »Nimm ein Kälbchen mit und sage: ›Ich bin gekommen, um ein Opfer darzubringen.‹ Und lade Isai dazu ein. Ich will dir dann sagen, welchen der Söhne du zum König salben sollst.«
Samuel tat, was der Herr gesagt hatte, und ging nach Betlehem.
Dort kamen ihm die Ältesten der Stadt erschrocken entgegen und fragten: »Ist es etwas Gutes, was dich herführt?«
»Ja«, antwortete er, »ich bin gekommen, um dem Herrn ein Opfer darzubringen. Bereitet euch auf das Opfermahl vor und kommt mit mir.«
Auch zu Isai sagte er das und lud ihn samt seinen Söhnen zum Opfermahl ein.

Als sie nun kamen, fiel der Blick Samuels auf Eliab, und er dachte: »Gewiß hat der Herr sich diesen auserwählt.«
Aber der Herr sagte zu Samuel: »Sieh nicht auf seine stattliche Größe. Ich habe ihn nicht erwählt. Dem Herrn ist anderes wichtig als dem Menschen. Der Mensch sieht, was vor Augen ist; der Herr aber sieht das Herz an.«
Isai rief Abinadab und führte ihn zu Samuel.
Der aber sagte: »Auch diesen hat der Herr nicht erwählt.«
Dann holte Isai Schima.
Aber Samuel sagte wieder: »Auch ihn hat der Herr nicht erwählt.«
Isai ließ alle seine sieben Söhne vor Samuel treten.
Samuel aber sagte: »Der Herr hat keinen von ihnen erwählt.«
Und er fragte Isai: »Sind das alle deine Söhne?«
Isai antwortete: »Der Jüngste fehlt noch; er hütet die Schafe.«
Samuel sagte: »Laß ihn holen. Wir beginnen mit dem Opfermahl nicht, ehe er da ist.«
Da ließ Isai ihn holen.
David sah gesund und schön aus, und seine Augen leuchteten.
Der Herr sagte zu Samuel: »Der ist es! Salbe ihn!«
Da goß Samuel Salböl aus seinem Horn über ihn und salbte ihn zum König mitten unter seinen Brüdern. Von diesem Tag an erfüllte ihn der Geist des Herrn und verließ David nicht mehr.
Samuel aber kehrte nach Rama zurück.

In der Mitte dieser Erwählungsgeschichte steht der bekannte und vielzitierte Satz: »Der Mensch sieht, was vor Augen ist; der Herr aber sieht das Herz an.« Und wo dieser Satz auftaucht, schwingt eine merkwürdige Befriedigung mit: Menschen täuschen sich übereinander; Gott aber weiß um meine guten Absichten. Ist das in unsrer Geschichte gemeint? Wenn Samuel die Maßstäbe anlegt, die üblicherweise bei einer Berufung oder Ernennung wichtig sind, dann wissen wir alle Bescheid und können ihm zustimmen: Gesundheit, Kraft und Verstand sind nötig, Fachwissen, Beziehungen und Ausstrahlungskraft.
Was aber sind die ganz anderen Maßstäbe Gottes? Sie sind uns ganz fremd und unzugänglich; sie sind eben nicht einfach das

Gegenteil von dem, was wir für wichtig halten. Dieser Satz kann nicht mit Befriedigung zitiert werden; er ist erschreckend: Aus dem Herzen kommen die bösen Gedanken (Matthäus 15, 19). Wie gut ist es, daß niemand in mein Herz sehen kann. Wenn Gott das Herz ansieht, dann können wir ganz sicher nicht mit seiner Freude rechnen. Gott erwählt auch nicht aufgrund besonderer Herzensgüte und Frömmigkeit des Menschen, sondern allein aus unbegreiflicher Liebe heraus. Wenn er uns auserwählt hat, zu leben, und Kraft schenken will zur Liebe, dann können wir nur staunend bitten: »Mach in mir deinem Geiste Raum, daß ich dir werd ein guter Baum und laß mich Wurzel treiben; verleihe, daß zu deinem Ruhm ich deines Gartens schöne Blum und Pflanze möge bleiben« (Paul Gerhardt, EKG 371, 14).

Der Herr soll Richter sein

Als Saul von der Verfolgung der Philister zurückkam, wurde ihm gemeldet: David ist im Bergland von En-Gedi. Da nahm Saul dreitausend seiner besten Männer aus ganz Israel und machte sich auf die Suche nach ihm in Richtung der Steinbockfelsen.

Und als er an den Schafherden vorbeikam, sah er eine Höhle und ging hinein, um seine Notdurft zu verrichten. David aber und seine Männer saßen hinten in der Höhle.

Da sagten Davids Männer zu ihm: »Das ist die Gelegenheit, die dir der Herr versprochen hat. Jetzt hat er dir deinen Feind in die Hand gegeben, und du kannst mit ihm machen, was du willst.«

Da stand David auf und schnitt leise ein Stück von Sauls Mantel ab. Doch dann schlug ihm das Gewissen, weil er das getan hatte, und er sagte zu seinen Männern: »Das möge Gott verhüten, daß ich mich an meinem Herrn, dem Gesalbten Gottes, vergreife; denn er ist doch der König, den Gott eingesetzt hat.«

Und er verbot seinen Männern mit strengen Worten, ihre Hand gegen Saul zu erheben.

Als Saul die Höhle verlassen hatte, kam David auch heraus und rief hinter ihm her: »Mein Herr und König!«
Saul dreht sich um.
Da warf sich David vor ihm nieder und sagte: »Warum hörst du auf das Geschwätz der Leute, die sagen: ›David will deinen Untergang?‹ Heute hast du es mit eigenen Augen gesehen: Hier in der Höhle hat dich der Herr in meine Hand gegeben. Meine Leute haben gesagt, ich soll dich töten. Aber ich habe dich verschont. Ich will meine Hand nicht gegen meinen Herrn erheben, denn er ist der König, den Gott eingesetzt hat. Sieh her, mein Vater, hier habe ich ein Stück deines Mantels in der Hand. Nur dieses Stück habe ich abgeschnitten, obwohl ich dich hätte töten können. Daran kannst du erkennen, daß ich dir nichts Böses antun will und kein Verräter bin. Ich habe dir nichts angetan; du aber jagst mir nach und willst mich umbringen. Der Herr soll Richter zwischen uns sein. Er wird dich strafen. Aber meine Hand soll dich nicht anrühren. So sagt das alte Sprichwort: ›Nur Böse tun Böses.‹ Ich aber vergreife mich nicht an dir. Wem jagst du denn nach? Der König von Israel jagt einen toten Hund, einen einzelnen Floh! Der Herr soll Richter sein und selbst entscheiden, wer von uns beiden im Recht ist. Er führe meine Sache und verhelfe mir zu meinem Recht.«
Als David zu Ende gesprochen hatte, sagte Saul: »Ist das nicht deine Stimme, mein Sohn David?«
Und Saul weinte laut. Er sagte zu David: »Du bist gerechter als ich. Obwohl ich dir Böses angetan habe, bist du gut zu mir gewesen. Das hast du mir heute gezeigt, als mich der Herr in deine Hand gegeben hatte und du mich nicht getötet hast. Wo gibt es jemand, der seinen Feind findet und dann in Frieden ziehen läßt? Der Herr tue dir Gutes dafür. Ich weiß, daß du König werden wirst. Das Königtum in Israel wird durch dich gefestigt werden. Schwöre mir bei dem Herrn, daß du meine Nachkommen nicht ausrotten und meinen Namen nicht auslöschen wirst.«
David schwor es ihm.
Da kehrte Saul heim. David aber zog sich mit seinen Männern auf die befestigten Orte in den Bergen zurück.

In einer dramatischen Szene wird gezeigt, welche Auswirkung die Achtung vor Gottes Wirken in der Geschichte hat: Die eigenhändige Vergeltung ist nicht mehr nötig. David kann es Gott überlassen, Unrecht wieder zurechtzubringen. Dieser göttliche Abstand zwischen verfeindeten Menschen führt dazu, den andern in Frieden ziehen zu lassen. Dabei ereignet sich etwas, was kein Rechthaber oder Sieger erreichen kann: der feindlich Gesinnte verändert seine Einstellung. Saul erkennt unter Tränen, daß Krieg und Menschenjagd nichts verändern, aber Friedensbereitschaft und Achtung voreinander einen neuen Abschnitt in der Geschichte einleiten: Der Herr wird dich zum König machen. Selig preist Jesus jeden, der Frieden stiftet, der sich für die Versöhnung und die Gerechtigkeit einsetzt. Von David wird erzählt, daß Gottes Geist ihn erfaßt habe, als Samuel ihn zum König salbte (s. bei »Der Herr sieht das Herz an«, S. 174f.). Das ist Geist von Gott: Nicht Auge gegen Auge und Zahn gegen Zahn (2. Mose 21,24), sondern: Tu das, von dem du willst, daß man es dir auch tut (Matthäus 7,12). Liebt eure Feinde und betet für eure Verfolger, so zeigt ihr, daß ihr Kinder eures Vaters im Himmel seid (Matthäus 5,44). Die Höhle von En-Gedi wird zur Geburtshöhle einer neuen Freiheit: Frieden ist möglich, Versöhnung ist möglich, Umkehr ist möglich, Zeichen der Hoffnung für uns alle.

Dieser Mann muß sterben

Er ließ sie holen

An einem frühen Abend stand David von seinem Ruhelager auf, um sich auf dem Dachgarten seines Palastes zu erholen. Er schaute umher und sah eine Frau sich baden. Sie war sehr schön. David ließ nachfragen, wer sie wäre. Man sagte ihm: Es ist Batseba, die Tochter Ammiëls, die Frau des Hetiters Urija.

Da schickte David Boten zu ihr und ließ sie zu sich holen. Sie kam, und er schlief mit ihr. Sie hatte gerade ein Reinigungsbad genommen, nachdem ihre Monatsblutung vorbei war. Nun kehrte sie wieder in ihr Haus zurück. Sie wurde schwanger und

ließ es David mitteilen. Der befahl seinen Feldhauptmann Joab zu sich und sagte: »Schick mir Urija, den Hetiter, her.«
Joab schickte ihn her, und David fragte ihn, wie es mit dem Feldzug stünde und ob es Joab und dem Heer gut ginge. Dann sagte David zu Urija: »Geh jetzt nach Hause und erhol dich zuerst einmal.«
Als Urija den Palast verließ, wurde ihm ein Geschenk des Königs nachgetragen. Aber Urija ging nicht in sein Haus, sondern übernachtete bei den Soldaten der königlichen Wache am Eingang des Palastes.
Als man David dies mitteilte, sagte er zu ihm: »Du hast doch einen weiten Weg hinter dir. Warum gehst du nicht nach Hause?«
Urija antwortete: »Die Bundeslade steht draußen in einem Zelt, und Joab samt den Männern Israels und Judas sind im Feld und schlafen auf der bloßen Erde. Soll ich da nach Hause gehen, essen und trinken und mit meiner Frau schlafen? Bei Gott und deinem Leben: Ich werde so etwas nicht tun.«
David sagte: »Bleib noch einen Tag hier. Morgen will ich dich gehen lassen.«
Urija blieb an diesem und am nächsten Tag in Jerusalem. Da lud ihn David zu einem Essen ein und machte ihn betrunken.
Aber Urija schlief wieder bei der königlichen Wache und ging nicht in sein eigenes Haus.
Da schrieb David am nächsten Morgen einen Brief an Joab und ließ ihn durch Urija überbringen. Er schrieb: »Stellt Urija dorthin, wo der Kampf am härtesten ist. Dann zieht euch hinter seinem Rücken schnell zurück, so daß er erschlagen wird.«
Joab stellte Urija bei der Belagerung der Stadt dorthin, wo der Kampf am härtesten werden würde. Als die Männer der belagerten Stadt einen Ausfall machten, wurden einige Soldaten Davids getötet; auch Urija, der Hetiter, kam ums Leben. Und Joab ließ David alles genau berichten, was sich bei dem Kampf abgespielt hatte.
Als die Frau Urijas erfuhr, daß ihr Mann umgekommen war, hielt sie die Totenklage um ihn. Nachdem die Trauerzeit zu Ende war, ließ David sie in sein Haus holen. Er machte sie zu seiner Frau, und sie gebar ihm einen Sohn.

Er nahm das Lamm

Dem Herrn mißfiel, was David getan hatte, und er schickte den Propheten Natan zu ihm. Natan fragte den König: »Wie ist in diesem Fall zu entscheiden? Zwei Männer lebten in derselben Stadt. Der eine war reich, der andere arm. Der Reiche besaß sehr viele Schafe und Rinder. Der Arme besaß nur ein einziges kleines Lamm, das er gekauft und mit seinen Kindern zusammen aufgezogen hatte. Es aß von seinem Teller und trank aus seinem Becher und schlief in seinem Schoß; er ging mit ihm um, als wär es seine Tochter. Als der reiche Mann Besuch erhielt, wollte er keines seiner eigenen Schafe oder Rinder nehmen, um dem Gast etwas vorzusetzen. Also nahm er das Lamm des armen Mannes und bereitete es für seinen Gast zu.«

David überkam ein großer Zorn, und er rief: »So wahr der Herr lebt: Dieser Mann muß sterben. Dazu muß er das Lamm vierfach ersetzen, weil er das getan und so mitleidlos gehandelt hat.«

Da sagte Natan zu David: »Du bist dieser Mann!«

Und David sagte zu Natan: »Ich bekenne mich schuldig vor dem Herrn!«

Natan antwortete: »Deshalb will dir der Herr auch vergeben. Du mußt nicht sterben. Weil du aber Gott durch dein Tun ganz offen verhöhnt hast, wird der Sohn, den Batseba dir geboren hat, sterben.«

Danach verließ Natan den König und ging heim.

Fast ärgerlich genau wird da eine Bett- und Mordgeschichte erzählt. Was daran jedoch aufregend ist, kann man fast übersehen: Der »Hauptschuldige« ist niemand anders als David, der vom Geist Gottes erfüllte Fromme und als Verheißungsträger hochgeschätzte Auserwählte Gottes aus Betlehem. Stimmt dieses Bild? Oder stimmt nicht viel eher das Bild vom ehrgeizigen und skrupellosen Aufsteiger und Lebenskünstler?

Man muß die Begegnung mit Natan hinzunehmen, um eine Antwort zu finden. Dort wird David in seiner königlichen

Blindheit entlarvt und doch nicht verurteilt. David erkennt seine Schuld im Spiegel eines Rechtsfalles, der ihm selbst zur Falle wird, aus der er nicht mehr heraus kann. Jetzt wird Gott zum »Hauptschuldigen« dafür, daß David weiterleben darf, wenn auch mit der furchtbaren Last, den Tod seines Kindes verschuldet zu haben.

Paulus hat in seinem Brief an die Gemeinde in Rom die Konsequenzen aus dieser Geschichte gezogen: »Wenn ihr andere verurteilt, dann sprecht ihr damit euch selbst das Urteil. Merkt ihr nicht, daß Gottes Freundlichkeit euch zur Umkehr bringen will?« (Römer 2, 1.4). David hat das gemerkt. Und allein aus diesem Grund gehört er zu den Verheißungsträgern Gottes. Wer sein Leben als ein Geschenk Gottes annehmen kann, der kann auch andere annehmen, ohne sie zu verurteilen. Wo das geschieht, hat Gottes neue Welt begonnen.

Ein verständiges Herz

Der Herr erschien dem König Salomo, als er sich in Gibeon aufhielt, bei Nacht im Traum und sagte zu ihm: »Nenne mir, was ich dir geben soll. Du sollst es bekommen.«

Salomo antwortete: »Du bist meinem Vater David mit großer Barmherzigkeit begegnet, und er hat dir treu und mit aufrichtigem Herzen gedient. Du hast ihm in deiner Güte einen Sohn geschenkt, der einmal auf seinem Thron sitzen sollte. Das ist jetzt eingetreten. Nun, Herr, mein Gott, hast du mich zum König gemacht nach meinem Vater David. Ich aber bin noch jung und weiß nicht aus noch ein. Du hast mir dein Volk anvertraut, das du erwählt hast und das so groß ist, daß es niemand zählen kann. Gib also deinem Knecht ein gehorsames Herz, daß er dein Volk nach deinem Willen leiten und gerechtes Urteil sprechen kann. Wie könnte ich sonst dieses dein großes Volk recht regieren?«

Der Herr freute sich über Salomos Bitte und sagte zu ihm: »Du hast weder um langes Leben noch um Reichtum oder um den Tod deiner Feinde gebeten, sondern um Verstand, ein gerechter Richter zu sein. So will ich dir ein weises und verständiges

Herz geben, daß keiner vor dir oder nach dir sein wird wie du. Und ich will dir noch dazugeben, worum du nicht gebeten hast: Reichtum und Ansehen, daß kein König sich mit dir vergleichen kann. Und wenn du dich an meine Weisungen und Gebote hältst, wie es dein Vater David auch getan hat, werde ich dir ein langes Leben geben.«
Als Salomo erwachte, merkte er, daß der Herr im Traum mit ihm geredet hatte.
Bald danach kamen zwei Dirnen zum König und trugen ihm einen Streitfall vor. Eine der Frauen sagte: »O Herr, ich und diese Frau da wohnen im gleichen Haus. Ich brachte dort ein Kind zur Welt und drei Tage danach sie auch. Nur wir beide waren im Haus; kein Fremder war bei uns. Und in der Nacht starb der Sohn dieser Frau; sie hatte ihn im Schlaf erdrückt. Sie stand mitten in der Nacht auf und nahm mir mein Kind weg, während ich schlief. Ihr totes Kind aber legte sie neben mich. Als ich am Morgen aufstand, um mein Kind zu stillen, sah ich, daß es tot war. Ich schaute es mir genau an und merkte, daß es gar nicht mein Kind war.«
Die andere Frau rief: »Nein, mein Sohn lebt, und dein Sohn ist tot.«
Sie aber bestand darauf: »Dein Sohn ist tot; aber mein Sohn lebt.«
So stritten sie sich vor dem König. Da sagte der König: »Jede sagt, daß ihr Kind lebt und das Kind der andern tot ist. Bringt mir ein Schwert.«
Und als sie es brachten, befahl er: »Zerteilt das lebendige Kind in zwei Teile und gebt jeder von ihnen eine Hälfte.«
Da rief die Mutter des Kindes in großer Angst: »Ach, mein Herr und König, gebt ihr das Kind, aber laßt es am Leben.«
Die andere aber sagte: »Es soll weder mir noch dir gehören. Zerteilt es!«
Da antwortete der König: »Gebt dieser Frau hier das Kind. Tötet es nicht. Sie ist seine Mutter.«
In ganz Israel wurde das Urteil bekannt, das der König gefällt hatte, und alle redeten mit Ehrfurcht von ihm; denn sie merkten, daß Gottes Weisheit am Werk war, wenn er Recht sprach.

König Salomo war der mächtigste und reichste König in Israel; er sicherte mit Verträgen und Heiraten den Frieden und Bestand seines Landes. Kein Wunder also, daß er, der zweite Sohn Davids und der Batseba, als ein besonders von Gott bevorzugter Mensch angesehen wurde. Die Weisheit und Gerechtigkeit galt in jener Zeit als eindeutiges Merkmal eines Frommen. Es war immer eine politisch und gesellschaftlich wirksame Weisheit; sie stellte Frieden und Gerechtigkeit her. Als Grund dafür wurde die Gottesfurcht, also das Wissen um den Geber aller Weisheit, gesehen; sie ist der »Anfang« der Weisheit (Psalm 111, 10). Paulus führt diese Einsicht weiter und sagt: Die Weisheit der Welt allerdings erweist sich als untauglich für die Erkenntnis Gottes, der uns und die Welt erschaffen hat. Der Anfang und die Fülle aller Weisheit liegt in Jesus Christus verborgen. Gerade das Leiden und Sterben Jesu ist für ihn der Schlüssel zum Frieden. »Gott hat ihn für uns zur Weisheit gemacht« (1. Korinther 1, 18–31). Wir alle haben Angst vor den Ergebnissen eines Wissens ohne Menschlichkeit. Wo wäre aber die Menschlichkeit besser aufgehoben als in der Gemeinschaft mit Jesus Christus, der sagt: Liebt eure Feinde? Menschen, die ihr Wissen mit der Achtung vor dem Leben verbinden, können den Frieden und Bestand auch unsrer bedrohten Welt heute in Gottes Auftrag sichern, im Kleinen wie im Großen.

Unter verschlossenem Himmel

Der Herr hat mich gesandt

Der Herr sagte zu Jeremia: »Geh zum Tempel und stell dich am Eingangstor auf. Dort sollst du ausrufen: Hört zu, ihr Bewohner von Juda, die ihr durch dieses Tor hereinkommt, um den Herrn anzubeten. Das sagt der Herr, der Gott Israels: Ändert euer Leben und Tun, dann dürft ihr hier wohnen bleiben. Glaubt den Worten nicht, den immergleichen: Hier ist doch Gottes Tempel, hier ist doch Gottes Tempel, hier ist doch Gottes Tempel! Ändert euer Leben und Tun, handelt nach Recht und Gesetz, unterdrückt nicht die Fremden, die Waisen und Witwen, tötet keine Unschuldigen, lauft nicht andern Göttern nach, ihr schadet euch nur selbst damit. Dann könnt ihr wohnen bleiben in diesem Land, das ich euren Vorvätern gegeben habe. Redet euch nichts ein. Ihr seid Diebe und Mörder, Ehebrecher und Meineidige, ihr opfert dem Baal und lauft fremden Göttern nach. Dann kommt ihr in das Haus hier, das meinen Namen trägt, und sagt: Es kann uns nichts geschehen. Und ihr tut alles, was ich verabscheue, auch weiterhin. Haltet ihr denn dieses Haus, das meinen Namen trägt, für eine Räuberhöhle? Dann will ich es auch so ansehen, sagt Gott, der Herr.«
Die Priester und Propheten und das ganze Volk hörten, was Jeremia im Hof des Tempels gesagt hatte. Als er mit seiner Rede zu Ende war, packten sie ihn und riefen: »Du mußt sterben. Wie kannst du es wagen, im Namen Gottes zu verkünden: Diesem Tempel soll es gehen wie dem in Schilo, und diese Stadt soll so verwüstet werden, daß niemand mehr hier wohnen wird?«
Und das ganze Volk rottete sich gegen Jeremia zusammen vor dem Tempel.

Als das die führenden Männer von Juda hörten, kamen sie aus dem Königspalast zum Tempel herauf und setzten sich am neuen Tor des Tempels nieder, um Gericht zu halten. Die Priester und Propheten klagten Jeremia vor ihnen und dem ganzen Volk an: »Dieser Mann ist des Todes schuldig, denn er hat es gewagt, als Prophet gegen diese Stadt zu reden. Ihr habt es mit eigenen Ohren gehört.«
Jeremia verteidigte sich vor den Richtern und allen Leuten: »Der Herr hat mich gesandt, um das alles, was ihr gehört habt, gegen den Tempel und diese Stadt zu sagen. Ändert jetzt euer Leben und Tun und hört auf den Herrn, euren Gott. Dann wird auch der Herr das Urteil, das er angekündigt hat, nicht über euch kommen lassen. Ich bin in euren Händen, ihr könnt mit mir machen, was ihr für recht und gut haltet. Aber das sollt ihr wissen: Wenn ihr mich tötet, bringt ihr einen Unschuldigen um und ladet Schuld auf euch, auf diese Stadt und alle ihre Bewohner. Denn ich sage die Wahrheit: Der Herr ist es gewesen, der mich zu euch gesandt hat, um euch dies alles anzusagen.«
Da sagten die Richter und all die Leute zu den Priestern und Propheten: »Dieser Mann hat nichts getan, was seinen Tod verlangt. Er hat im Namen des Herrn, unsres Gottes, zu uns gesprochen.«

Worauf ist Verlaß? Großmächte bedrohen sich, ob sie Babylon und Ägypten heißen oder USA und UdSSR, das bleibt sich gleich. Und auch in uns bedrohen sich die Mächte, ob sie Kultfrömmigkeit und Jahweglaube heißen oder Wortfrömmigkeit und Christusnachfolge. Deshalb wird die Szene am Tempeltor in Jerusalem zur Bühne des Herzens, auf der die Zuhörer durch alle Zeiten hindurch vom Beauftragten Gottes gefragt werden: »Worauf wollt ihr euch eigentlich verlassen?« Und Jeremias Antwort ist eindeutig: »Ändert jetzt euer Leben und Tun und hört auf den Herrn, euren Gott!«
Das bedeutet: Gott, der uns liebt, kann nur in der Liebe, im Tun der Liebe, als verläßliche und tragende Kraft erfahren werden. Es gibt keine Sicherheit außerhalb des Tuns, nicht in Bunkern und Banken, nicht in Tempeln und Kirchen. Und warum

im Tun? Weil Gott als der Grund meines Lebens erscheinen will. Ich kann ihm also nur im lebendigen Handeln begegnen. Gott ist ein Gott der Lebendigen, in der Liebe Lebendigen. Es tut unsrem frommen Versteckspiel weh, so direkt angesprochen zu werden. Wir möchten diese Stimme in uns gerne zum Schweigen bringen. Aber besser ist es, ihr zu vertrauen. Sie will uns retten aus falschen Sicherheiten; es ist die Stimme der Liebe. »Schaff in mir, Herr, den neuen Geist, der dir mit Lust Gehorsam leist' und nichts sonst, als was du willst, will; ach Herr, mit ihm mein Herz erfüll« (EKG 264, 2).

Hört, was der Herr sagt

Jeremia sagte zu den Leuten im Wachthof des Königs: »Hört, was der Herr sagt: ›Wer in dieser Stadt bleibt, wird durch Schwert, Hunger oder Pest umkommen. Wer aber hinausgeht und sich den Babyloniern ergibt, der wird sein Leben wie ein Stück Beute retten.‹ Denn das sagt der Herr: ›Diese Stadt wird ganz gewiß dem Heer des Königs von Babylon anheimfallen und eingenommen werden.‹«

Da sagten die Beamten zum König: »Dieser Mann muß endlich beseitigt werden! Er nimmt den Soldaten, die noch in der Stadt sind, und allen andern den Mut. Der Mann sucht nicht, was dem Volk zur Rettung dient, sondern will seinen Untergang.«

Da antwortete König Zedekia: »Er ist in eurer Hand; ich kann euch ja doch nicht zurückhalten.«

Sie griffen sich Jeremia, führten ihn zur Zisterne des Prinzen Malkija im Wachthof und ließen ihn an Stricken hinunter. In der Zisterne war kein Wasser, nur Schlamm, und Jeremia sank in den Schlamm ein.

Im Königspalast gab es einen äthiopischen Diener namens Ebed-Melech. Als der hörte, daß man Jeremia in die Zisterne geworfen hatte, lief er schnell aus dem Palast und zum König, der gerade im Benjamintor saß, und sagte zu ihm: »Mein Herr und König, diese Männer tun großes Unrecht an Jeremia. Sie haben ihn in die Zisterne geworfen, dort wird er verhungern; es gibt ja kaum noch Brot in der Stadt.«

Da befahl der König: »Nimm drei meiner Männer mit und zieh den Propheten Jeremia aus der Zisterne, ehe er stirbt.«
Ebed-Melech nahm die Männer mit, holte aus der Kleiderkammer des Palastes abgetragene, zerrissene Kleidungsstücke und ließ sie zu Jeremia in die Zisterne hinab. Er rief ihm zu: »Leg dir die alten Lumpen unter die Achselhöhlen und mach das Seil fest.«
Jeremia tat es.
Dann zogen sie ihn aus der Zisterne. Und Jeremia blieb weiterhin im Wachthof.
Im 19. Regierungsjahr Nebukadnezzars, am 7. Tag des 5. Monats, zog Nebusaradan, der Befehlshaber der königlichen Leibwache und Vertreter des Königs von Babylon, in Jerusalem ein. Er ließ den Tempel Gottes, den königlichen Palast und alle festen Häuser der Stadt niederbrennen, die Häuser gingen alle in Flammen auf. Die Soldaten rissen auf Befehl Nebusaradans die Mauern Jerusalems nieder. Den Rest der Bewohner der Stadt und alle, die zu den Babyloniern übergelaufen waren, ließ Nebusaradan als Gefangene wegführen. Nur von den Ärmeren unter der Landbevölkerung ließ er eine Anzahl zurück, die die Weinberge und das Ackerland bebauen sollten.
Für Jeremia hatte Nebukadnezzar seinem Vertreter Nebusaradan folgenden Befehl mitgegeben: »Sieh zu, daß du den Mann ausfindig machst und daß ihm nichts zustößt. Tu, was er von dir wünscht, und halte deine Hand über ihn.«
Nebusaradan und die obersten Berater des babylonischen Befehlshabers ließen Jeremia aus dem Wachthof holen und übergaben ihn der Obhut Gedaljas, des Sohnes Ahikams und Enkels Schafans.
So blieb Jeremia im Land, mitten unter dem Volk.

Das vielleicht folgenschwerste Datum der Geschichte Israels ist der 9. Juni 587 vor Christus, als Jerusalem erobert, der Tempel zerstört und das Volk nach Babylon in die Verbannung verschleppt wird. Und Jeremia erleidet am eigenen Leib vorweg das Versinken im Dunkel der Angst und Hoffnungslosigkeit. Gott hat seinem Volk nicht geholfen. Die Frage nach Gottes Macht und Liebe wird wie ein Feuer bren-

Das Volk Israel wird wie die andern Völker auch in den Strudel der Geschichte hineingezogen. Sie führen Kriege und erleiden Niederlagen. Der Himmel über ihnen verdunkelt sich; der Wille Gottes ist immer weniger erkennbar. Jeremia, der Prophet, verkündigt, was Gott will; aber die Katastrophe kommt: die Massendeportation und das Exil nach verlorenem Krieg. Die Sonne ist kaum mehr zu sehen, fern von Jerusalem, fern von Gott. Kann es noch einmal hell werden?

nen in der Fremde und die Verbannten zu neuen Einsichten führen.
Jeremia, der Priestersohn aus Anatot, jetzt über 60 Jahre alt, wird die Verbannten zu trösten versuchen. Er schreibt an sie: »Verliert nicht den Mut und fürchtet euch nicht! Denkt in der Ferne an den Herrn. Vergeßt Jerusalem nicht« (Jeremia 51, 46.50b).
Es gibt Zeiten und Situationen im Leben des einzelnen und der Völker, da ist alles dunkel, da kann man nicht auf festem Boden stehen, und Gott schweigt. Aber vielleicht redet er auch nur in einer anderen, leiseren Sprache. Da ist ein Ausländer, der Mitleid hat und Jeremia rettet. Da ist ein Befehl, daß die Armen im Land bleiben sollen und leben dürfen. Und die Verbannten selbst bekommen Gelegenheit, nachzudenken, sich zu erinnern und einander zu trösten. Vielleicht können gerade die dunklen Strecken des Lebens uns Mut machen zu kleinen, stillen Zeichen der Liebe. »Ich kenne dein Tun und weiß, daß deine Kraft klein ist. Trotzdem hast du mein Wort bewahrt und mich nicht verleugnet. Siehe, ich habe dir eine Tür geöffnet, die niemand mehr zuschließen kann« (Offenbarung 3,8). Gott kommt uns in der Dunkelheit entgegen; da wird es hell.

Ich, der Herr, will es tun

An den Flüssen Babylons saßen wir und weinten,
wenn wir an Zion dachten.
Unsere Lauten hängten wir dort an die Weiden.
Doch die uns gefangen hielten, wollten uns singen hören,
wir sollten fröhlich sein in unsrem Jammer:
Singt uns ein Lied vom Zion.

Wie könnten wir singen zur Ehre des Herrn im fremden Land?
Wenn ich dich je vergessen sollte, Jerusalem,
dann soll meine Rechte verdorren.
Meine Zunge soll mir am Gaumen kleben,
wenn du, Jerusalem,
nicht meine höchste Freude bleibst.

Der Herr legte seine Hand auf mich. Sein Geist ergriff mich und führte mich hinaus auf ein weites Feld; das lag voller Totengebeine. Und er führte mich ringsumher und überall lagen die Gebeine, ungezählt und völlig vertrocknet. Und er fragte mich: »Du Mensch, meinst du, daß diese Gebeine wieder lebendig werden?«
Ich antwortete: »Herr, mein Gott, das weißt nur du.«
Da sagte er zu mir: »Rede in meinem Auftrag mit diesen Gebeinen und sage zu ihnen: ›Ihr vertrockneten Gebeine, hört, was Gott euch sagen läßt: Ich will Leben in euch bringen. Sehnen sollen wachsen und Fleisch und Haut darüber. Mein Atem soll in euch kommen, daß ihr wieder lebendig werdet. Ihr sollt erfahren, daß ich der Herr bin.«
Und ich sagte alles, was der Herr mir aufgetragen hatte. Während ich noch sprach, rauschte es und regte sich, und die Gebeine rückten zusammen, jedes an seinen Ort. Und ich sah, wie Sehnen darüber wuchsen und Fleisch und Haut. Aber es war noch kein Atem in ihnen.
Da sagte der Herr: »Du Mensch, rufe in meinem Namen den Lebensatem herbei und sage zu ihm: ›Im Namen Gottes, Lebensatem komm und blase diese Toten aus allen vier Windrichtungen an, daß sie wieder lebendig werden.‹«
Ich sagte alles, was mir befohlen war.
Da kam Leben in sie, und sie standen auf, eine unübersehbare Menge.
Da sagte der Herr zu mir: »Du Mensch, diese Gebeine, das ist ganz Israel. Jetzt sagen sie: ›Unsere Kraft ist vertrocknet, unsre Hoffnung verloren, mit uns ist es aus.‹ So sage ihnen in meinem Auftrag: ›Ich, der Herr, will eure Gräber öffnen und euch, mein Volk, herausholen. Ich bringe euch heim ins Land Israel. So werdet ihr erfahren, daß ich der Herr bin. Ich will meinen Lebensatem in euch geben, daß ihr wieder leben könnt, und bringe euch in euer Land zurück. Ihr werdet erkennen, daß ich der Herr bin. Was ich gesagt habe, das werde ich auch tun, ich, der Herr.‹«

Das sagt der Herr, der dich geschaffen hat, Volk Jakobs, und dich, Volk Israels: »Fürchte dich nicht; ich habe dich erlöst. Ich habe dich bei deinem Namen gerufen, du bist mein!« Das sagt der Herr, euer Erlöser, der heilige Gott Israels: »Wegen euch habe ich nach Babylon geschickt, um die Riegel eures Gefängnisses aufzubrechen. Ich will ein Neues schaffen, jetzt wächst es auf; erkennt ihr's denn nicht?«

Das Klagelied (aus Psalm 137) läßt ahnen, wie tief verstört das Volk ist. Es lebt von der schmerzlichen Erinnerung an die geliebte Heimat, an Jerusalem, die Stadt Gottes. Nicht vergessen! Aber die Jahre vergehen und die Hoffnungen. Kinder werden geboren, die die Heimat nie gesehen haben, und Väter und Mütter sterben in der Fremde. Langsam wachsen die Wurzeln in fremder Erde und machen sie zum neuen Heimatboden. Als dann der persische König Kyros Babylon erobert, dürfen die Juden 538, nach fünf Jahrzehnten, zurückkehren und auch den Tempel wiederaufbauen, der allerdings erst 515 wieder geweiht werden kann. Nicht alle sind heimgekehrt. Und diejenigen, die zurückkamen, waren andere, waren anders geworden in ihrem Denken und Leben. Es war alles viel nüchterner und bescheidener, als es in ihren Träumen ausgesehen hatte. Sie behielten ihren Traum vom »himmlischen Jerusalem« als Hoffnung tief in ihrem Herzen und in ihrem Glauben. Und ihre Glaubensbilder umfaßten mehr und mehr auch andere Völker, bezogen die ganze Welt mit ein. So kann an Ezechiels Schau vom Totenfeld auch für uns heute sichtbar werden, worauf es in der Dunkelheit des Todes ankommt: Gottes Lebensatem, Gottes Liebeskraft macht Tote lebendig und Hoffnungslose fröhlich, nicht nur in seinem Volk Israel, sondern überall dort, wo Menschen das von ihm erwarten. Angesichts der riesigen Totenfelder der Geschichte ist Gott die einzige ernst zu nehmende Hoffnung. Er will »Neues« schaffen in uns: Freude und Geduld, Kraft zur Vergebung und den Willen zum Frieden. Man kann nur eines machen: es mit ihm versuchen. Das »Neue« hat längst angefangen, mitten in dieser Welt, mitten in uns.

Das ist mein Knecht

Sieh her, das ist mein Knecht. Ich halte zu ihm.
Mein Auserwählter, den ich von Herzen liebe.
Ich habe ihm meinen Geist gegeben.
Er wird mein Recht zu allen Völkern bringen.
Er schreit nicht herum und macht keinen Lärm.
Seine Stimme wird man auf den Straßen nicht hören.
Das geknickte Schilfrohr zerbricht er nicht,
und den glimmenden Docht löscht er nicht aus.
In Treue trägt er das Recht;
er wird nicht verlöschen oder zerbrechen,
bis er es unter die Völker gebracht hat.
Die fernsten Inseln warten auf das, was er zu sagen hat.

Wer glaubt dem, was uns da verkündet wurde?
Wer hält es für möglich, daß Gottes Macht
sich so offenbart?
Wie ein ärmlicher Schößling aus dürrem Land wuchs er auf.
Er war weder stattlich noch schön,
daß wir ihn etwa gern gesehen hätten.
Da gab es nichts, was uns an ihm gefiel.
Verachtet war er, von allen gemieden, mit Schmerzen beladen
und krank.
Man wandte sich von ihm ab;
nichts mehr verband uns mit ihm.
Doch nahm er in Wahrheit unsre Krankheit auf sich
und erduldete unsre Schmerzen.
Wir dachten: Gott ist's, der ihn straft und schlägt.
Doch ist er wegen unsrer Schuld verwundet worden
und wurde wegen unsrem Ungehorsam geschlagen.
Die Strafe liegt auf ihm; wir sind gerettet;
durch seine Wunden wurden wir geheilt.
Wir hatten uns verlaufen wie die Schafe;
jeder sah nur seinen eigenen Weg.
Der Herr aber hat all unsre Schuld ihm angelastet.
Als er mißhandelt wurde, hielt er still
und tat den Mund nicht auf.

Stumm wie ein Lamm, das man zur Schlachtbank führt,
und wie ein Schaf, das seinem Scherer stillhält,
so litt er schweigend.
Man hat ihn verurteilt und getötet.
Doch wen kümmerte sein Schicksal,
obwohl er wegen der Schuld seines Volks getötet wurde?
Unter Verbrechern wurde er begraben.
Ein Grab bei Übeltätern gab man dem,
der kein Unrecht begangen hatte
und über dessen Lippen kein unwahres Wort gekommen war.
Der Herr aber nahm sich seines Zerschlagenen an.
Weil er das Leben für die Schuld anderer hingab,
sollte er neues Leben empfangen und Nachkommen haben
und das Werk Gottes vollenden.

Da lebt einer ganz anders als alle andern, still und aufmerksam. Man hört nichts von ihm in der Öffentlichkeit; aber die Geknickten und Getretenen kennen ihn. Wer kann so leben? Gottes Liebeslied besingt den »Anti-Helden« als seinen Auserwählten. So ist der Mensch, in dem der Geist Gottes wirkt.

Aber dann wird deutlich, wie die Welt mit so einem umgeht: Er wird ausgestoßen und auf die Seite gedrückt. Sein Tod wird als Gottes Strafe angesehen. Aber Gott hält zu ihm, und der Zerschlagene darf leben. Er findet Nachfolger, die als seine Freunde das Recht bis auf die fernsten Inseln tragen. Mitten in der Welt der Gewalt und des Todes leben Menschen die Liebe Gottes, den Frieden, die Gerechtigkeit. Sie sind die Hoffnungsträger für die Unterdrückten und Gedemütigten, »das Licht für die Welt« (Matthäus 5,14).

Als die Israeliten nach fast 50 Jahren aus Babylon freikommen, bringen sie diese neue Einsicht in Gottes verborgenes Wirken mit. Der Himmel ist nicht mehr verschlossen; Licht leuchtet auf: Wir dürfen leben. Und dieses Licht gilt allen Menschen. Kein Volk ist ausgeschlossen aus der Liebe Gottes. Die Freunde Jesu haben in der Lebens- und Leidensart ihres Meisters den Gottesknecht wiedererkannt und sich als seine Nachfolger auf den Weg durch die Welt gemacht. Durch solche Gottesknechte haben auch wir Gott kennengelernt und sehen ihm ins Herz. Durch Menschen des göttlichen Wohlgefallens wird es hell in der Welt. »Gott hat einst gesagt: Licht soll aus der Dunkelheit aufleuchten. So leuchtet sein Licht auch in unsren Herzen auf, damit die Menschen Gottes Herrlichkeit erkennen« (2. Korinther 4,6). Ihr seid Licht für die Welt.

Wenn nichts mehr trägt

Es gilt

Eines Tages kamen die himmlischen Wesen zusammen, um vor den Herrn zu treten; auch der Satan gehörte zu ihnen.
Der Herr fragte ihn: »Was hast du unternommen?«
Der Satan gab zur Antwort: »Ich habe die ganze Erde durchwandert.«
Der Herr fragte: »Hast du auch auf meinen Diener Hiob geachtet? So einen findest du sonst nirgends auf der Erde, so fromm und zuverlässig, der mich achtet und kein Unrecht tut.«
Der Satan antwortete: »Meinst du, er sei umsonst so fromm? Behütest du ihn nicht und all die Seinen samt allem, was er sich erworben hat? Was er auch anfängt, läßt du ihm gelingen, und seine Herden werden immer größer. Aber streck einmal nur deine Hand aus und taste seinen Besitz an! Ich wette, daß er sich vor aller Augen von dir lossagt.«
Da sagte der Herr zum Satan: »Es gilt! Ich gebe alles, was er hat, in deine Hand. Nur nach ihm selber streck die Hand nicht aus.«
Da ging der Satan weg von Gott.
Und an dem Tag, an dem die Söhne und Töchter Hiobs im Haus ihres ältesten Bruders zusammensaßen und feierten, kam ein Knecht zu Hiob gelaufen und meldete: »Wir waren gerade mit den Rindern beim Pflügen, und die Eselinnen weideten in der Nähe. Da überfielen uns Männer aus Saba, raubten das Vieh und erschlugen die Knechte. Ich allein bin entkommen, um es dir zu melden.«
Noch während er redete, kam ein anderer gelaufen und sagte: »Feuer fiel vom Himmel und tötete die Schafe samt den Knechten. Ich allein bin entkommen, um es dir zu melden.«

Er redete noch, da kam einer gelaufen und meldete: »Die Chaldäer fielen mit drei Horden über uns her, raubten die Kamele und töteten die Knechte. Ich allein bin entkommen, um es dir zu melden.«
Während er redete, kam noch einer gelaufen und meldete: »Deine Söhne und Töchter feierten zusammen im Haus ihres ältesten Bruders. Da kam ein Sturm von der Wüste her und packte das Haus an allen vier Ecken. Es stürzte über deinen Kindern zusammen und erschlug sie alle. Nur ich bin entkommen, um es dir zu melden.«
Da stand Hiob auf, zerriß sein Gewand, schor sich den Kopf, warf sich auf den Boden und betete: »Nackt bin ich auf die Welt gekommen, nackt werde ich von ihr gehen. Der Herr hat mir alles gegeben, der Herr hat mir alles genommen. Der Name des Herrn sei gelobt!«
Trotz allem, was geschehen war, versündigte sich Hiob nicht und klagte Gott nicht an.

Du bringst ans Ziel

Hiob rechtfertigte sich: »Ist es nicht Gott, der meine Wege sieht und jeden Schritt zählt, den ich gehe? Wann habe ich gelogen, wann betrogen? Gott soll mich nur auf rechter Waage wiegen, dann wird er meine Unschuld bald erkennen. O, wäre da nur einer, der mich hörte! Ich will, daß der allmächtige Gott mir Antwort gibt und mir die Klage meines Gegners zeigt.«
Gott antwortete Hiob aus Wetter und Sturm: »Wer bist du, daß du über meinen Schöpfungsplan mit Worten ohne Einsicht redest? Tritt vor und sei gewappnet wie ein Mann. Ich will dich fragen, du sollst mich belehren. Wo warst du, als ich die Erde schuf? Gib Antwort, wenn du es weißt. Wer hat ihre Maße bestimmt und gesetzt? Sicher weißt du auch das! Worauf ruhen die Pfeiler der Erde denn? Wer setzte den Schlußstein ein im Jubel der Morgensterne und unter dem Jauchzen des Himmels? Wer hat das Meer mit Toren verschlossen, als es schäumend aus dem Schoß der Erde brach? Ich habe es in Wolken gekleidet und in Nebel wie in Windeln gewickelt. Ich habe ihm

Alles ist vergittert und versperrt. Die Sonne geht unter und leuchtet wie aus einem Gefängnis heraus, ohne Kraft. Hiob findet keine Erklärung für das Unglück, das ihn getroffen hat. Die dürren Äste der Hoffnungslosigkeit recken sich in den dunklen Himmel. Was für einen Sinn hat dieses Leben? Gibt es noch einen festen Grund, der trägt, oder versinkt alles langsam in der Dunkelheit des Schweigens? Hiob fragt, und Gott gibt Antwort.

feste Grenzen gesetzt und es sicher mit Toren verriegelt. Ich habe bestimmt: Bis hierher und nicht weiter sollst du kommen; hier enden deine stolzen Wellen! Wer will mit dem Allmächtigen rechten? Wer Gott belehren will, der rede jetzt!«
Da antwortete Hiob: »Herr, ich bin zu gering. Was soll ich sagen? Ich lege meine Hand auf meinen Mund. Einmal habe ich geredet; ich will nichts mehr sagen. Dann habe ich's noch einmal gewagt; jetzt schweige ich. Das weiß ich jetzt gewiß: Du vermagst alles und bringst ans Ziel, was du dir vorgenommen hast.«

Wir nehmen teil an einem Stück, das auf verschiedenen Ebenen gespielt wird; es beginnt in einer himmlischen Ratsversammlung, in der Gott den Hiob wegen seiner Treue lobt. Am Anfang steht also die Liebeserklärung Gottes zu dem, der ihm alles zutraut. Dann tritt Satan, der himmlische Staatsanwalt, auf und bezweifelt Hiobs Standfestigkeit. Es wird seine Erprobung vereinbart, bei der Gottes Zuneigung zu Hiob ebenso auf dem Spiel steht wie Hiobs Vertrauen zu Gott.
Im Zweiten Akt des Stückes wird das schreckliche Schicksal Hiobs als gottgewollte Probe beschrieben; Hiob besteht sie und gibt Gott recht: Nichts und niemand kann die Gemeinschaft mit ihm zerstören.
Kann dieses Spiel die Frage nach dem Sinn des Leidens beantworten? Die fromme Antwort Hiobs ist doch eher naiv als nachahmenswert angesichts der Leiden in unserer Welt.
Da ist aber noch ein zweites, tieferes Kapitel: Hiob will seine Leiden nicht als Strafe annehmen; er lehnt es ab, scheinbar fromm sich selbst die Schuld an seinem Unglück zu geben. Gott soll ihm antworten. »O, wäre da nur einer, der mich hörte!« (Hiob 31, 35). Das ist ein uns vertrautes Reden und Hoffen. Gott antwortet, aber mit Gegenfragen: Die Schöpfung, der ganze Kosmos, kommt in den Blick, wenn das Thema des Leidens verhandelt wird. Daß nicht völliges Chaos herrscht, sondern lebendige Ordnung, das weist auf Gottes Wirken hin. »Hast du die Welt im Blick, wenn du mich fragst? Denkst du daran, daß deine Leiderfahrung eingebettet ist in einen großen Lebenszusammenhang?« Gott sagt: »Die Schöpfung ist ein An-

gebot zum Leben. Ich habe alles so geordnet, daß du leben kannst. Warum willst du dein Schicksal daraus lösen? Bezweifelst du am Ende, daß die Welt, in der du lebst, nicht meine liebevoll gebaute Welt ist? Dann biete eine Gegenwelt, mit der du mich belehren kannst, daß ich ein Stümper war bei meiner Schöpfung!«

Diese Gegenfragen verändern Hiobs Suche nach dem Sinn des Leidens. Er weiß jetzt, daß das Leiden nicht so naiv als Strafe für begangenes Unrecht anzusehen ist; auch nicht als blindes Schicksal, das den Menschen trifft. Das Leiden hat auf unbekannte Weise mit Gottes Schöpfungsplan zu tun. Hiob durchschaut ihn nicht. Aber er will ihn auch nicht anzweifeln. Er bekennt: »Du bringst ans Ziel, was du dir vorgenommen hast« (Hiob 42,2). Dieses Bekenntnis lebt in einem tiefen Schweigen angesichts des Leids, das uns begegnet.

Wir finden keine Antwort, es sei denn, Gott selbst öffnete die Tür dazu. Dies hat er getan auf fast unglaubliche Weise: Er leidet mit! Er bleibt nicht in seiner himmlischen Ratsversammlung, sondern wird Hiobs Bruder, unser Bruder. »Nichts, nichts hat dich getrieben zu mir vom Himmelszelt als das geliebte Lieben, damit du alle Welt in ihren tausend Plagen und großen Jammerlast, die kein Mund kann aussagen, so fest umfangen hast« (EKG 10,5). Jesus, der Mensch nach dem Herzen Gottes, stellt sich dem Leiden und Sterben hörend und schweigend. Jetzt wird Gottes Ziel und Absicht deutlich: Er will, daß wir leben. Der Tod ist nicht das Ende Gottes. Er leidet und stirbt, um den Grund seiner Liebe aufzudecken. Der Tod hat ausgespielt. »Nichts kann uns mehr von Gottes Liebe trennen« (Römer 8, 37–39). Mit dieser göttlichen Antwort dürfen wir leben und können wir sterben, »mit ihm und in ihm und zu ihm« (Römer 11, 33–36).

Immer wieder ein Anfang

Ein liebevoller Gott

Vielleicht ist er uns gnädig

Der Herr redete mit Jona, dem Sohn Amittais: »Mach dich auf den Weg nach Ninive, in die große Stadt, und kündige ihr mein Strafgericht an. Denn es ist vor mich gekommen, wie böse die Leute dort sind.«
Da machte sich Jona auf, aber nur, um dem Herrn zu entfliehen. Er wollte nach Tarsis und fand in Jafo ein Schiff, das dorthin fuhr. Er bezahlte den Fahrpreis und stieg ein, dem Herrn aus den Augen.
Der Herr aber ließ einen gewaltigen Sturm los, daß das Schiff zu zerbrechen drohte. Die Seeleute bekamen Angst, und jeder schrie zu seinem Gott. Sie warfen die Ladung ins Meer, um das Schiff leichter zu machen. Jona war in den unteren Schiffsraum hinabgestiegen, hatte sich hingelegt und schlief fest. Der Kapitän des Schiffes kam zu ihm und sagte: »Wie kannst du jetzt schlafen? Steh auf und bitte deinen Gott um Hilfe. Vielleicht ist er uns gnädig, und wir müssen nicht untergehen.«
Die Seeleute sagten: »Wir wollen das Los werfen, um herauszufinden, wer an unsrem Unglück schuld ist.«
Sie warfen das Los, und es traf Jona. Sie fragten ihn aus: »Was treibst du, und woher kommst du? Zu welchem Volk gehörst du, und wo bist du daheim?«
Er antwortete ihnen: »Ich bin ein Hebräer und verehre den Gott des Himmels, der das Meer und die Erde gemacht hat.«
Als die Männer erfuhren, daß er vor dem Herrn auf der Flucht war, gerieten sie in große Angst und sagten zu ihm: »Warum hast du so etwas getan? Was sollen wir denn jetzt mit dir machen, damit das Meer uns verschont? Der Sturm wird

immer schlimmer!« Da sagte Jona: »Werft mich ins Meer, dann wird es sich schnell beruhigen. Denn ich weiß, daß der Sturm wegen mir über euch gekommen ist.«
Die Seeleute versuchten, das Schiff an Land zu rudern; aber sie schafften es nicht, der Sturm tobte immer heftiger. Da beteten sie zum Herrn: »Straf uns nicht, o Herr, wenn wir das Leben dieses Mannes opfern; laste es uns nicht als Mord an. Du selbst, Herr, hast das hier ins Werk gesetzt, und es geschieht, wie du es willst.«
Dann nahmen sie Jona und warfen ihn ins Meer, das sich augenblicklich beruhigte.
Die Männer ergriff große Furcht vor dem Herrn. Sie brachten ihm Opfer dar und versprachen Gehorsam.
Der Herr aber ließ einen großen Fisch kommen, der Jona verschlang. Drei Tage und drei Nächte war Jona im Bauch des Fisches. Und er betete im Bauch des Fisches zu Gott, dem Herrn.
Da gab der Herr dem Fisch Befehl; der spuckte Jona aus ans Land.

Vielleicht schenkt er uns das Leben

Zum zweiten Mal redete der Herr mit Jona: »Mach dich auf den Weg nach Ninive, in die große Stadt, und gib dort bekannt, was ich dir aufgetragen habe.«
Da machte sich Jona auf und ging nach Ninive, wie ihm der Herr befohlen hatte. Die Stadt war riesengroß; drei Tage waren nötig, um sie zu durchqueren. Jona ging eine Tagereise weit hinein in die Stadt. Dort rief er aus: »Noch vierzig Tage, dann wird Ninive vernichtet.«
Die Leute von Ninive glaubten dem Herrn und riefen ein Fasten aus. Alle, groß und klein, zogen sich Bußgewänder an. Als der König davon erfuhr, stand er von seinem Thron auf, legte den Königsmantel ab, zog ein Bußgewand an und setzte sich in den Staub. Er ließ bekanntgeben: »Der König und seine Minister befehlen, daß niemand Nahrung zu sich nehmen oder etwas trinken soll, weder Mensch noch Tier. Rinder und Schafe sollen nicht auf die Weide getrieben werden. Menschen und Tiere sollen Trauer tragen und mit Ausdauer zu Gott rufen.

Die Landschaft zeigt lichte und düstere Seiten, blühende, in Sonne getauchte Bäume und verschattete, dunkle Pflanzen. Ein Bild des Lebens, das zwischen Freude und Resignation, zwischen Flucht und Gehorsam ausgespannt ist. Jona, der verärgerte Prophet, weiß um Gottes Freundlichkeit und läuft trotzdem davon. Aber er kann nicht verhindern, daß Gottes Sonne über allen aufstrahlt, daß jeder eine Chance bekommt, neu anzufangen.

Jeder soll Buße tun und sich von unrechtem Gut trennen, das an seinen Händen klebt. Vielleicht läßt Gott sich von seinem großen Zorn abbringen und schenkt uns das Leben.«
Als Gott sah, daß sie sich von ihrem bösen Leben abwandten, tat ihm sein Beschluß, sie zu vernichten, leid, und er führte ihn nicht aus.

Du bist barmherzig

Jona ärgerte sich sehr und wurde zornig. Er sagte zu Gott: »Ach, Herr, genau das habe ich befürchtet, als ich noch in meiner Heimat war. Darum wollte ich auch nach Tarsis fliehen. Ich wußte, daß du gnädig bist, barmherzig und geduldig und ein liebevoller Gott. Dir tut das Unheil leid, das du verkündigst. Herr, ich bin meines Lebens überdrüssig, laß mich sterben.«
Aber der Herr fragte: »Meinst du, du hast ein Recht auf deinen Zorn?«
Jona hatte die Stadt verlassen und hielt sich östlich von ihr auf. Dort baute er sich eine Hütte und setzte sich in ihren Schatten, um zu sehen, was mit der Stadt geschehen würde.
Da ließ Gott eine Rizinusstaude über Jona aufwachsen, um ihm Schatten zu geben und seinen Ärger zu vertreiben. Und Jona freute sich auch sehr über den Rizinus. Am nächsten Morgen schickte Gott in aller Frühe einen Wurm, der nagte an der Staude, so daß sie verdorrte. Als dann die Sonne aufging, ließ Gott einen heißen Ostwind kommen. Die Sonne brannte Jona auf den Kopf, daß ihm elend zumute wurde. Er wünschte sich den Tod und sagte: »Ich möchte am liebsten sterben.«
Aber der Herr fragte ihn: »Meinst du, du hast ein Recht, wegen der Rizinusstaude so zornig zu sein?«
Er antwortete: »Ja, ich bin mit Recht zornig und will nicht mehr leben.«
Da sagte der Herr: »Dir tut der Rizinus leid, um den du dich nicht bemüht hast. Du hast nichts für ihn getan. Über Nacht ist er aufgewachsen, und über Nacht ist er abgestorben. Und mir sollte Ninive nicht leid tun, die große Stadt, in der über 120000 Menschen leben, die rechts von links nicht unterscheiden können, und dazu noch die vielen Tiere?«

Wer Gottes Freundlichkeit für sich allein haben will, hat sie schon verloren. Sie gilt allen und damit auch all denen, die sie in unsren Augen nicht verdient haben. Es ist schon fast zum Verzweifeln, wenn Gottes Strafgericht immer wieder aufgeschoben wird und nicht eintritt, nur weil die bösen Nachbarn an Gottes gutes Herz appellieren und damit Erfolg haben. Jona ist es einfach leid, immer und immer wieder festzustellen, daß Gott lieber vergibt als straft, lieber rettet als verurteilt, lieber Leben schafft als vernichtet. Und doch lebt auch Jona von dieser Freundlichkeit Gottes.
Die humorvoll erzählte Geschichte möchte dem Zuhörer die Antwort leichtmachen, möchte ihn durch seine Antwort hineinnehmen in das Rettungshandeln Gottes: Ja, ich lebe davon, daß Gott sich Kummer macht um mich, um Ninive, um jeden einzelnen Menschen, um jedes kleine Tier. Wenn wir das einsehen, können wir auch damit Ernst machen und uns um andere kümmern, nicht verurteilend, sondern befreiend und belebend. Wenn Gott uns nicht immer wieder zurückholen würde von unsren Fluchtwegen in die Selbstliebe, wären wir längst im Meer des Hasses und der Einsamkeit ertrunken. Der »Fisch«, der uns verschlingt, die tödliche Tiefe, in die wir geworfen werden, ist zugleich auch die tiefste Stelle der göttlichen Liebe. Gott will uns an das Ufer kommen lassen, die Todeshöhle wird zum Schoß des Lebens. Jona, der Israelit, Ninive, die fremde Stadt, wir hier und dort sind allesamt Beschenkte dieser Liebe. »Meinst du, du hast ein Recht auf deinen Zorn, auf deine Angst, auf deinen Haß, auf dein Selbstmitleid und deinen Lebensüberdruß?«

Grund genug zum Singen

Immer bei dir

Herr, du hast mich erforscht und erkannt.

Ich sitze oder stehe, du weißt es gewiß.
Meine Gedanken verstehst du von fern.

Ich gehe oder liege, du bist um mich her.
Meine Wege sind dir bekannt.

Kein einziges Wort ist auf meiner Zunge,
das du, Herr, nicht immer schon weißt.

Von allen Seiten umgibst du mich
und hältst deine Hand über mir.

Diese Einsicht ist mir zu wunderbar
und zu hoch, ich begreife sie nicht.

Wohin soll ich fliehen vor deinem Geist
und gehen, wo du mich nicht siehst?

Steige ich zum Himmel, dann bist du da,
und ins Totenreich, dort bist du auch.

Nehme ich Flügel der Morgenröte
und bleibe am äußersten Meer,

dann wird auch dort deine Rechte mich halten
und deine Hand mit mir sein.

Sage ich: Finsternis soll mich bedecken
und Nacht statt Licht um mich sein,

ist bei dir Finsternis nicht Nacht,
und das Dunkel ist hell wie der Tag.

Du hast mich als lebendiges Wesen gemacht
und gestaltet im Mutterleib.

Für deine Wunder danke ich dir;
an mir selber erkenne ich sie.

Mein Leben war nicht verborgen vor dir,
als ich im Verborgenen war

und, tief im Dunkel der Erde noch,
meine Gestalt bekam.

Du hast mich deutlich vor dir gesehen,
als ich noch gar nicht bestand.

Alle Tage standen in deinem Buch,
noch ehe ein einziger war.

Wie schwer sind deine Gedanken für mich,
wie groß, Gott, ist ihre Zahl.

Wenn ich mich aufmachen wollte zu zählen,
wären es mehr als der Sand.

Und käme ich trotzdem zu Ende damit,
ich wäre noch immer bei dir.

Gott, bringe doch um, die deine Gebote verachten,
jage die Mörder in meiner Nähe davon.

Lästerlich reden die Feinde daher
und vergreifen sich trotzig an dir.

Ich hasse alle, die dich hassen, Herr,
und alle, die sich gegen dich erheben.

Soll ich denn nicht verachten, die dich lästern?
Sie sind mir allesamt zum Feind geworden.

Erforsche mich, Herr, und erkenne mein Herz.
Prüfe mich und sieh, wie ich's meine.

Und bin ich auf böse Wege geraten,
dann bringe mich zu dir zurück.

Wie durch einen Vorhang hindurch geht der Blick in eine geheimnisvolle Tiefe; je tiefer er dringt, desto heller und leuchtender wird es. Von Stufe zu Stufe wird der Betrachter in das Licht hineingezogen, als käme er einem verborgenen Schatz immer näher. Der Dichter des 139. Psalms beschreibt dies so: Tief im Dunkel der Erde hat Gottes Liebe mich schon umgriffen, noch ehe ich überhaupt gezeugt wurde. Dieses Geheimnis ist unergründbar, es ist ein Wunder. Die Liebe Gottes erscheint als der tragende Grund des Lebens.

»Die Welt kann nie aus Gott heraus- und Gott nie aus der Welt herausfallen«, hat Martin Luther einmal gesagt. Eine solche Erfahrung beschreibt auch der Dichter dieses Psalm-Gebets. Das Wesentliche ist für das Auge nicht nur unsichtbar, sondern überhaupt nicht zu fassen, es sei denn, daß es sich kundtut. Wir können also unser eigenes, innerstes Wesen, das Innerste der Welt und das Geheimnis des Nächsten nicht lüften; es gibt keinen Weg dazu, »ich begreife es nicht«.
Und doch kann der Dichter beschreiben, worin das Innerste unseres Lebens besteht. Es offenbart sich und kommt aus der Verborgenheit hervor, es ist die Kraftquelle des Lebens, Gott selbst. Das Wesen des Menschen und der Welt wird von Gott selbst aufgedeckt. Wir finden nicht zu ihm, dazu fehlt uns die Kraft, und deshalb sind wir so unruhig und voller Angst. Aber Gott beginnt mit uns zu reden; »er hat uns erkannt«, nicht wir ihn. Und wo wir Gottes Offenbarung erfahren und beschreiben, da geschieht es in der Form einer staunenden Freude über etwas völlig Unerwartetes: daß Gott aus mir und aus dem andern und der Welt hervorkommt als ein Ja, als Liebe zu uns und zur ganzen Schöpfung. Das ist seine überwältigende Wahrheit; alles andere, der Zweifel, die Ablehnung und Verachtung des Lebens, sind »Feinde«, die wir bekämpfen und vertreiben wollen. Was der Psalmdichter mit Ehrfurcht und Staunen bekennt, findet in Jesus eine unübersehbare Bestätigung: Er läßt sein Leben vom Wesen Gottes bestimmen. Nichts kann ihn davon abbringen, auch nicht das Unverständnis und die Ablehnung durch die, denen er dadurch das Instrument der Unterdrückung und der Gewalt aus der Hand schlägt. Denn das wird an Jesus ganz deutlich: Wer mit sich einig wird in Gottes Liebe, der kann nicht so zwiespältig und krank weiterleben wie zuvor. Der ist heil und getrost und auf dem Weg der Freude. Allerdings wird dieses neue und heilsame Lebensgefühl damit erkauft, daß wir die Selbstherrlichkeit verloren haben. Nicht wir selbst setzen die Maßstäbe des Handelns und Urteilens, sondern Gott. Er hat das letzte Wort, Gott sei Dank! »Was können uns Menschen tun?« Es klingt fast widersprüchlich und ist doch so: Weil wir letztlich von Gott bestimmt sind, können wir in unsrem Handeln frei sein von uns selbst. Gott

hat uns das eigene und das Leben der Welt überlassen, nicht um es zu zerstören, sondern um es zu bewahren. Dazu will er uns die Kraft geben, die Fantasie und die Liebe, dazu hat er uns »erwählt«. Wir dürfen uns mit aller Kraft für uns und unsre Welt einsetzen – mit Menschlichkeit und Gerechtigkeit, Friedensbereitschaft und Leidensfähigkeit. Gott wird bei uns sein und uns auf diesem Weg bewahren und begleiten.

Wo steht diese Geschichte in der Bibel?

Aus dem Neuen Testament

Freude für die ganze Welt

Sehen, was geschehen ist:
Lukas 2,1–20

Von großer Freude erfüllt:
Matthäus 2,1–12

Alle staunten:
Lukas 2,41–51

Neues kündigt sich an

Es ruft einer:
Matthäus 3,1–12

Erwählt:
Markus 1,9–11

Ein großes Licht:
Matthäus 4,12–17
Lukas 4,16–30

Fröhlich und getrost:
Markus 1,16–20
Lukas 12,8.9
Matthäus 5,11.12

Auf dein Wort:
Lukas 5,1–11

Er ist es:
Matthäus 11,2–11a

Zeichen der Liebe

Vollmacht von Gott:
Markus 1,21–28

Er richtet auf:
Markus 1,29–31

Sag nur ein Wort:
Matthäus 8,5–13

Sei getrost:
Matthäus 9,1–8

Was soll das Klagen?:
Markus 5,21–24. 35–43

Ruft ihn her:
Markus 10,46–52

Brosamen vom Tisch:
Matthäus 15,21–28

Worte, die verändern

Mit leeren Händen:
Matthäus 5,1–10

Für die Welt:
Matthäus 5,13–16

Ich sage es euch neu:
Matthäus 5, 21. 22a. 23. 24. 27. 28. 33–45a

Wenn ihr betet:
Matthäus 7,7
Matthäus 6,7–13
Lukas 11,5–8

Achtet darauf:
Matthäus 6,1–4.16–21.24–34

Auf Fels gebaut:
Matthäus 7,12–14.21–28

Zurechtbringendes Handeln

Sie wurden satt:
Markus 8,1–9

Sie priesen Gott:
Lukas 7,11–16

Sie weckten ihn:
Markus 4,35–41

Sie waren empört:
Lukas 19,1–9

Was ihr seht und hört:
Lukas 10,1–11.16.21–24

Für die Menschen dasein

Hier geht es um mehr:
Matthäus 12,1–8

Es ist erlaubt:
Matthäus 12,9–14

Sie richtete sich auf:
Lukas 13,10–17

Bewegung durch Bilder

Euch ist es gegeben:
Matthäus 13,1–10.18–23

Laßt beides wachsen:
Matthäus 13,24–30

Seit Anfang der Welt:
Matthäus 13,31–35.44–48

Dann wirst du leben:
Lukas 10,25–37

Sei mir gnädig:
Lukas 18,9–14a

Ich will geben:
Matthäus 20,1–15

Das Verlorene suchen:
Lukas 15,1–10

Ein Freudenfest feiern:
Lukas 15,11–32

Weil er klug war:
Lukas 16,1–8

Zu treuen Händen:
Matthäus 25,14–30

Die Zeit der Weinlese:
Matthäus 21,33–41

In Wahrheit ist es so:
Matthäus 25,31–46

Der Weg durch die Nacht

Herr, bleib nicht fern:
Psalm 22,2–12.15–20

Ein gutes Werk:
Markus 14,1–9

Wie es geschrieben steht:
Markus 14,10–26

Die Stunde ist da:
Markus 14,32–50

Ihr werdet sehen:
Markus 14,53–72

Er sagte kein Wort mehr:
Markus 15,1–20

Sie kreuzigten ihn:
Markus 15,21–47

Erzählte Hoffnung

Sie wandte sich um:
Johannes 20,1.11–18

Sie warfen das Netz aus:
Johannes 21,1–13

Sie machten sich auf den Weg:
Lukas 24,13–35

Aus dem Alten Testament

Grundlegende Einsichten

Die Erde soll leben:
1. Mose 1,1–2,4a

Auf neuen Wegen

Zum guten Ende

Lebenlernen in der Wüste

Mitten durchs Meer:
2. Mose 14,5–14.21–23.26.27.30a

Jeden Morgen:
2. Mose 16,1–3.6.7.13–18.20.21.31a

Ich habe dich befreit:
2. Mose 19,1–3a; 20,1–17

Sie setzten sich:
2. Mose 32,1–6

Hier kannst du stehen:
2. Mose 33,18–23

Tun, was alle tun

Wir wollen einen König
Sein wie alle andern:
1. Samuel 8,4–22
Der Herr erwählt:
1. Samuel 10,17–27
Gehorcht dem Herrn:
1. Samuel 12,1.2a.14–15.22–25

Der Herr sieht das Herz an:
1. Samuel 16,1–13

Der Herr soll Richter sein:
1. Samuel 24,2–23

Dieser Mann muß sterben
Er ließ sie holen:
2. Samuel 11,2–18.26.27
Er nahm das Lamm:
2. Samuel 12,1–7.13–15

Ein verständiges Herz:
1. Könige 3,5–15a.16–28

Unter verschlossenem Himmel

Der Herr hat mich gesandt:
Jeremia 7,1–11; 26,7–16

Hört, was der Herr sagt:
Jeremia 38,1–13
2. Könige 25,8–12
Jeremia 39,11–14

Ich, der Herr, will es tun:
Psalm 137,1–6
Ezechiel 37,1–14
Jesaja 43,1.14.19

Das ist mein Knecht:
Jesaja 42,1–4
Jesaja 53,1–10

Wenn nichts mehr trägt

Es gilt:
Hiob 1,6–22

Du bringst ans Ziel:
Hiob 31,4–6.35; 38,1–11; 40,2–5; 42,2

Immer wieder ein Anfang

Ein liebevoller Gott
Vielleicht ist er uns gnädig:
Jona 1,1–16; 2,1.11
Vielleicht schenkt er uns das Leben:
Jona 3,1–10
Du bist barmherzig:
Jona 4,1–11

Grund genug zum Singen

Immer bei dir:
Psalm 139,1–24

Aus welchen Liedern wird zitiert?

(EKG = Evangelisches Kirchengesangbuch – Ausgabe für die Ev. Landeskirche in Württemberg)

Bibelstellenverzeichnis

Altes Testament

Markus Hartenstein

1931	in Basel (Schweiz) geboren; dort und in Stuttgart aufgewachsen
1950–52	Studium der Pädagogik in Stuttgart und
1954–58	der Psychologie und Philosophie in Tübingen; u. a. bei Eduard Spranger und Otto Friedrich Bollnow
1952–64	Lehrer an Grund- und Hauptschulen in Württemberg
1964–71	Studienleiter am Katechetischen Amt der Evangelischen Landeskirche in Württemberg
seit 1971	Dozent für Fort- und Weiterbildung am Pädagogisch-Theologischen Zentrum in Stuttgart

Veröffentlichung von Schulbüchern, Kinderbibeln und von audiovisuellen Medien für Unterricht und Bildungsarbeit.

Rose Alber

1931	in Stuttgart geboren und aufgewachsen
1948–52	Studium der Malerei an der Akademie in Stuttgart; u. a. bei Erich Fuchs und Willy Baumeister
1952–71	lebt und arbeitet in den USA (New York); Begegnung mit Lyonel Feininger und seinem Kreis
1953	erste Ausstellung in New York in der Van Diemen-Lilienfeld-Galerie
1954–61	Lehrauftrag für Malerei an der Dwight School of Engelwood in New Jersey
seit 1971	wieder als freischaffende Künstlerin in Deutschland

Ausstellungen in den USA (in New York, Chicago, Philadelphia, Washington u.a.m.) und in der Bundesrepublik (in Stuttgart, München, Ulm, Frankfurt u. a. m.).